L
PILARES
DEL
CARÁCTER
CRISTIANO

LOS FUNDAMENTOS
BÁSICOS DE UNA FE VIVA

JOHN MACARTHUR

La misión de *Editorial Portavoz* consiste en proporcionar productos de calidad —con integridad y excelencia—, desde una perspectiva bíblica y confiable, que animen a las personas a conocer y servir a Jesucristo.

Traducción: Evis Carballosa

EDITORIAL PORTAVOZ
P.O. Box 2607
Grand Rapids, Michigan 49501 USA

Visítenos en: www.portavoz.com

ISBN 978-0-8254-1535-7

2 3 4 5 6 edición / año 11 10 09 08 07

Impreso en los Estados Unidos de América
Printed in the United States of America

CONTENIDO

INTRODUCCIÓN

Si alguna vez visita Londres, no tendrá ninguna dificultad en divisar la Catedral de San Pablo. Es considerada una de las diez construcciones arquitectónicas más hermosas del mundo, y domina el perfil de la ciudad. La venerable estructura se levanta como un monumento a su creador, el astrónomo y arquitecto Sir Christopher Wren. Aunque la catedral de San Pablo es su logro más conocido, una interesante historia está relacionada con un edificio menos conocido producto de su diseño.

Wren recibió el encargo de diseñar el interior del Ayuntamiento de Windsor, ubicado al oeste del centro de Londres. Su plan exigía unas grandes columnas para apoyar el alto techo. Cuando la construcción estaba terminada, los notables de la ciudad recorrieron el edificio y expresaron su preocupación con respecto aun problema: Las columnas o los pilares. No era que les preocupaba el uso de columnas, sino que querían más de ellas.

La solución de Wren era tan diabólica como inspirada. Hizo exactamente tal como se le dijo e instaló cuatro nuevas columnas cumpliendo así las exigencias de sus críticos. Esas columnas adicionales permanecen en el Ayuntamiento de Windsor hoy día y no son difíciles de identificar. Son las que no sostienen peso alguno y, en realidad, nunca alcanzan el techo. Son columnas falsas. Wren colocó las columnas solo para cumplir un propósito, es decir, darle buena apariencia. Son adornos hechos solamente para satisfacer la vista. En lo que respecta a apoyar el edificio y fortalecer la estructura, son tan inútiles como las pinturas que cuelgan de las paredes.

Aunque me entristece decir esto, creo que muchas iglesias han construido unas cuantas columnas, solo como decoración, especialmente en la vida de cada uno de sus miembros. En un esfuerzo por renovar la iglesia y hacerla funcionar mejor, muchos dirigentes han puesto en práctica estilos atractivos de adoración y de enseñaza, junto con formatos organizativos "innovadores" diseñados para atraer a más personas a la iglesia. La *sustancia* ha sido reemplazada por la *sombra*. El *contenido* queda fuera, el *estilo* queda dentro. El *significado* es desalojado, el *método* es introducido. La iglesia puede parecer correcta pero aporta poco peso.

Esa tendencia quizá se hace más evidente en un área especialmente cercana a mi corazón, la enseñanza de la Palabra de Dios. Demasiadas iglesias hoy día se han olvidado de que su principal propósito es muy simple. Como "la iglesia del Dios viviente" deben ser "columna y valuarte de la verdad" (1 Ts. 3:15). En su lugar, han construido una fachada que no ofrece apoyo, aporta poco peso, y se queda lejos de alcanzar las alturas que Dios diseñó para la iglesia y desea que esta alcance.

El resultado es la existencia de columnas falsas, decorativas, en el pueblo de Dios, que a la postre trae como resultado un falso sentido de la salvación y de la madurez espiritual. Nunca llegan a aferrarse a la realidad, es decir, a la necesidad de transformar las viejas y pecaminosas actitudes, en actitudes nuevas y bíblicas. En los cerca de treinta años de ministerio en la *Grace Community Church* he aprendido que si las actitudes espirituales de las personas son correctas, como resultado de una enseñanza bíblica prolongada, la estructura organizativa de la iglesia, su forma y su estilo se convierten en cosas menos importantes.

Una vida saludable para la iglesia solo se origina en una actitud espiritual adecuada por parte de sus miembros (vea Dt. 30:6; Mt. 22:37; Mr. 12:32-35; He. 10:22). El deseo ferviente del apóstol Pablo, por el que trabajaba y oraba con tanta diligencia era que Jesucristo fuera formado plenamente en la vida de cada uno de aquellos a quienes ministraba: "Hijitos míos, por quienes vuelvo a sufrir dolores de parto, hasta que Cristo sea formado en vosotros" (Gá. 4:19). Amplió ese concepto cuando animó a los colosenses diciéndoles: "La palabra de Cristo more en abundancia en vosotros, enseñándoos y exhortándoos unos a otros en toda sabiduría, cantando con gracia en vuestros corazones al Señor con salmos e himnos y cánticos espirituales" (Col. 3:16). Dios desea obrar en la vida íntima del creyente. Por lo tanto, la meta de todos los pastores y líderes espirituales de la iglesia debe ser ver vidas transformadas. Todo ministerio y actividad de adoración que realizan debe motivar a las personas a pensar bíblicamente.

Es mi deseo que este libro contribuya a despertar y a motivar su corazón hacia las actitudes espirituales clave que muevan y transformen su vida de adentro hacia fuera. Con eso en mente vamos a estudiar trece actitudes fundamentales, o columnas si lo prefiere, del carácter cristiano que las Escrituras enseñan que todos los seguidores de Cristo genuinos debemos poseer y que debemos continuamente desarrollar. No es una lista exhaustiva, pero cada actitud es esencial para el comportamiento cristiano maduro.

Los primeros cinco capítulos definen, explican e ilustran los pilares cristianos básicos de la fe, la obediencia, la humildad, el amor y la unidad. El capítulo 6 es un recordatorio de que el crecimiento espiritual es un mandato, no una opción. Los capítulos 7 al 9 lo animarán a exhibir las actitudes del perdón, el gozo y la gratitud en todo tiempo, incluso cuando las circunstancias dificultan hacerlo. El capítulo 10 es un estudio de la fortaleza espiritual, enfocando las características de un cristiano fuerte según 2 Timoteo 2. En el capítulo 11, se dará consideración a algunos principios de disciplina y las maneras prácticas de aplicarlos. El capítulo 12 contempla la naturaleza de la verdadera adoración, concentrándose en la enseñanza de Jesús a la mujer samaritana en Juan 4. Finalmente, en el capítulo 13 haremos un estudio cuidadoso de la actitud de la esperanza cristiana y veremos que esta es una maravillosa fuente de optimismo y de tranquilidad.

Sin ninguna duda, la cuestión crucial de vivir la vida cristiana es la condición de su corazón. ¿Está usted comprendiendo y aplicando los pilares fundamentales del carácter cristiano tan claramente bosquejado en la Palabra de Dios? El apóstol Pablo escribe este excelente resumen de cómo se aplica una actitud piadosa a la vida diaria: "Siervos, obedeced a vuestros amos terrenales con temor y temblor, con sencillez de vuestro corazón, como a Cristo; no sirviendo al ojo, como los que quieren agradar a los hombres, sino como siervos de Cristo, de corazón haciendo la voluntad de Dios; sirviendo de buena voluntad, como al Señor y no a los hombres, sabiendo que el bien que cada uno hiciere, ése recibirá del Señor, sea siervo o sea libre" (Ef. 6:5-7). Es mi oración sincera que "hacer la voluntad de Dios de corazón" se convierta en una realidad permanente en su vida como resultado de este estudio.

1

EL PUNTO DE PARTIDA: UNA FE GENUINA

Dicho de manera común, la fe o la confianza refuerza cómo cada uno vive. Bebemos agua por varias razones y confiamos en que ha sido debidamente tratada. Confiamos en que los alimentos que compramos en el supermercado o que comemos en un restaurante no están contaminados. De manera rutinaria cambiamos o depositamos cheques, aún cuando el papel en que están escritos no posee valor intrínseco. Ponemos nuestra confianza en la honestidad de la compañía o la persona que emite el cheque. Algunas veces nos exponemos al bisturí del cirujano, aún cuando no tenemos ninguna experiencia en procedimientos médicos. Cada día ejercitamos una fe innata en alguien o en algo.

¿QUÉ ES LA FE ESPIRITUAL?

De igual manera, cuando usted tiene fe espiritual espontáneamente acepta ideas básicas y actúa en muchas cosas que no comprende. Sin embargo, su fe espiritual no actúa de manera innata como lo hace la fe natural. La confianza natural viene con el nacimiento natural, y la confianza espiritual es un resultado directo del nacimiento espiritual. Las conocidas palabras de Pablo en Efesios 2:8 nos recuerdan que: "Porque por gracia sois salvos por medio de la fe; y esto no de vosotros, pues es don de Dios".

Una versión en lenguaje moderno de una de las antiguas confesiones de la iglesia (modelada estrechamente según la confesión de Westminster) proporciona esta clara descripción doctrinal de la fe práctica del creyente:

> Por la fe un cristiano cree que todo lo que ha sido dado a conocer en la Palabra es verdad, porque en ella Dios habla autoritariamente. También percibe en la Palabra un grado de excelencia superior a todos los demás escritos, en verdad a todas las cosas que el mundo contiene. La Palabra revela la gloria de Dios como aparece en sus diferentes atributos, la excelencia de Cristo en su naturaleza y en los oficios que realiza, y el poder y la perfección del Espíritu Santo en todas las obras que emprende. De esta manera, el cristiano es capacitado para entregarse implícitamente a la verdad que es creída, y otorgar servicio según los diferentes requisitos de distintas partes de las Escrituras. A los mandamientos da obediencia; cuando escucha una amenaza, tiembla. Con respecto a las promesas divinas acerca de esta vida y de la vida venidera, las abraza. Por los actos principales de la fe salvadora se relacionan en primer lugar con Cristo cuando el creyente acepta, recibe y descansa solo sobre Él para la justificación, la santificación y la vida eterna. Y todo por medio de… la gracia. (*A Faith to Confess: The Baptist Confesion of Faith of 1689* [Una fe para confesar: La confesión de Fe Bautista de 1689] [Sesees, England: Carey Publications, 1975], 37)

De modo que la primera columna fundamental que el pueblo de Dios debe tener es la fe espiritual, o la confianza en Dios. Y esa actitud no crecerá ni se desarrollará a menos que creyentes individuales lleguen a conocer a Dios mejor cada día. Esa verdad es ejemplificada a través de las Escrituras. He aquí algunos ejemplos destacados:

- *Moisés:* "Jehová es mi fortaleza y mi cántico. Ha sido mi salvación. Este es mi Dios, a quien yo alabaré; el Dios de mi padre, a quien yo enalteceré" (Éx. 15:2).
- *David:* "Te amo, Jehová, fortaleza mía. Jehová, roca mía y cas-

tillo mío, mi libertador; Dios mío, fortaleza mía, en él confiaré; mi escudo y la fuerza de mi salvación, mi alto refugio. Invocaré a Jehová, quien es digno de ser alabado, y seré salvo de mis enemigos" (Sal. 18:1-3).

- *Jeremías:* "Mi porción es Jehová; por tanto, en él esperaré", dice mi alma" (Lm. 3:24).
- *Pablo:* "que por esto mismo trabajamos y sufrimos oprobios, porque esperamos en el Dios viviente, que es el Salvador de todos los hombres, mayormente de los que creen" (1 Ti. 4:10).
- *Juan:* "Todo aquel que confiese que Jesús es el Hijo de Dios, Dios permanece en él y él en Dios. Y nosotros hemos conocido y creído el amor que Dios tiene para con nosotros. Dios es amor, y el que permanece en amor permanece en Dios y Dios en él" (1 Jn. 4:15-16).

EL EJEMPLO DE FE DE HABACUC

Para un vistazo más profundo a cómo los santos bíblicos ejemplificaron la actitud de la fe, consideremos el caso del profeta Habacuc. Su ministerio tuvo lugar a finales del siglo siete a.C. durante los últimos días del poderío asirio y en los comienzos de la hegemonía de Babilonia (por los años 625 al 600 a.C.). La situación en los días de Habacuc era similar a la que confrontaron Amós y Miqueas. La justicia y la fidelidad básicamente habían desaparecido de Judá, había mucha maldad y violencia sin control en todo el territorio.

¿Por qué no hay respuesta, Dios?

El comienzo de la profecía o sermón de Habacuc revela su frustración y falta de comprensión de por qué Dios no intervenía en los asuntos de Judá y sobrenaturalmente ponía en orden las cosas:

> *"¿Hasta cuándo, Jehová, gritaré sin que tú escuches, y clamaré a causa de la violencia sin que tú salves? ¿Por qué me haces ver iniquidad y haces que vea tanta maldad? Ante mí solo hay destrucción y violencia; pleito y contienda se levantan. Por eso la Ley se debilita y el jui-*

> *cio no se ajusta a la verdad; el impío asedia al justo, y así se tuerce la justicia".*
>
> *(Hab. 1:2-4)*

El profeta se enfrentaba a un verdadero dilema. Probablemente ya le había pedido al Señor que hiciera brotar un avivamiento espiritual para que todo Judá se arrepintiera, o que juzgara al pueblo por su iniquidad, violencia, perversión de justicia y falta de atención a su ley. Pero Dios no haría ninguna de las dos cosas, y Habacuc no podía entender cómo podía Él observar la magnitud del mal de Judá y no actuar.

¿Por qué los caldeos?

Pero en el pasaje siguiente Dios le da a Habacuc la más asombrosa e inesperada respuesta:

> *"Mirad entre las naciones, y ved, y asombraos; porque haré una obra en vuestros días, que aun cuando se os contare, no la creeréis Porque he aquí, yo levanto a los caldeos, nación cruel y presurosa, que camina por la anchura de la tierra para poseer las moradas ajenas. Formidable es y terrible; de ella misma procede su justicia y su dignidad. Sus caballos serán más ligeros que leopardos, y más feroces que lobos nocturnos, y sus jinetes se multiplicarán; vendrán de lejos sus jinetes, y volarán como águilas que se apresuran a devorar. Toda ella vendrá a la presa; el terror va delante de ella, y recogerá cautivos como arena. Escarnecerá a los reyes, y de los príncipes hará burla; se reirá de toda fortaleza, y levantará terraplén y la tomará. Luego pasará como el huracán, y ofenderá atribuyendo su fuerza a su dios".*
>
> *(1:5-11)*

La revelación de Dios solo aumentó el desconcierto de Habacuc, porque no era eso lo que esperaba ni lo que deseaba oír. ¿Cómo es posible que Dios use a los caldeos, un pueblo pagano que era mucho más pecador que los judíos, para juzgar y castigar a su pueblo pactado?

Al fin y al cabo, a través de su historia los caldeos eran notorios por ser un pueblo militarista y agresivo. Se formaron en las montañas del Kurdistán y Armenia, al norte de Irak, y posteriormente se establecieron por sus propios territorios en el sur de Babilonia en la parte superior del Golfo Pérsico. Desde los comienzos de la hegemonía Asiria sobre Babilonia, los caldeos fueron una fuente de oposición e irritación para los reyes asirios. A la postre, los caldeos tuvieron un papel preponderante en la caída de Asiria y en el establecimiento del nuevo imperio de Babilonia.

Los caldeos solo adoraban su fortaleza militar y estaban totalmente preparados para reducir a escombros la ciudad de Jerusalén. (En el antiguo Oriente Medio, las murallas de piedra de una ciudad o de un fuerte eran escaladas una vez que las tropas invasoras amontonaban escombros contra las murallas. Los escombros formaban una rampa sobre la que los soldados podían marchar y entrar en la ciudad.) Los caldeos eran pecadores, egocéntricos y rudos, y Habacuc no podía entender cómo Dios pudo escoger a un pueblo mucho peor que Judá como agentes para castigar a su pueblo.

La solución del dilema

El desconcertante dilema de Habacuc no podía resolverse mediante la sabiduría humana. Debido a que no entendía el plan de Dios, el profeta dirigió su mirada a la teología: "¿No eres tú desde el principio, oh Jehová, Dios mío, Santo mío? No moriremos. Oh Jehová, para juicio lo pusiste; y tú, oh Roca, lo fundaste para castigar" (1:12).

En el cenit de su confusión, mientras se hundía en la arena movediza de su dilema y percatándose de que no podía contestar sus propias preguntas, Habacuc sabiamente apeló a lo que sabía que era verdad acerca de Dios. Primero, reconoció que Dios es eterno y que ha existido desde la eternidad pasada y existirá en la eternidad futura. Habacuc trajo a su memoria que los problemas que él y la nación confrontaban en realidad eran parte de un breve período en la historia del mundo. El Señor era mucho más grande que cualquier pequeño segmento de tiempo, con todos los problemas, y "Él sabía todo el tiempo cómo todas las cosas encajan en su plan eterno".

El profeta refuerza sus palabras iniciales al dirigirse a Dios como

"Oh, Jehová, Dios mío, Santo mío". El vocablo *Jehová* relaciona a Dios íntimamente con la nación de Israel como el Dios que guarda el pacto y las promesas hechas a los padres. Habacuc sabía que Dios estaba y está en control en medio de cualquier circunstancia, Él es Omnipotente, y nada jamás se escapa de su control. Además, Habacuc reconoce que Dios es Santo, Él no se equivoca y lleva a cabo su programa perfectamente.

Habacuc necesitaba encontrar un fundamento espiritual seguro en su comprensión de quién Dios es y de lo que Él hace. Por lo tanto, él podía tranquilizarse de que "no moriremos". Sabía que Dios permanecerá fiel y no destruiría a Judá, puesto que tiene que cumplir el pacto prometido que hizo con Abraham que garantiza un reino, un futuro y una salvación.

Habacuc vio la fidelidad de Dios, su persona en las palabras finales del versículo 12: "Oh Jehová, para juicio lo pusiste [a los caldeos]; y tú, oh Roca, lo fundaste para castigar". Ahora acepta el hecho de que Dios era demasiado puro para aprobar o excusar el mal y que sus ojos no podían contemplar favorablemente la maldad. Por lo tanto, ha determinado castigar al pueblo de Judá, y soberanamente ha escogido a los caldeos para realizar ese castigo. Aún cuando Habacuc no hubiera escogido ese método de juicio, ahora podía decir con mucha más seguridad de fe que antes: "Veo y acepto lo que está ocurriendo".

La fe resumida y aplicada

La esencia de la lucha de Habacuc con la definición de la fe quedó determinada cuando Dios le dijo: "He aquí que aquel cuya alma no es recta, se enorgullece; mas el justo por su fe vivirá" (2:4). La frase final de este versículo es una de las declaraciones más importantes en todas las Escrituras porque expresa de manera resumida la doctrina fundamental de la justificación por la fe. Por esa razón a la postre llegó a ser, en la traducción de la Reina-Valera: "El justo por la fe vivirá", uno de los grandes lemas de la Reforma.

El historiador de la Reforma, J. H. Merle D'Aubigne, escribiendo en el siglo XIX, describe el descubrimiento de Martín Lutero de la verdad crucial de Habacuc 2:4 de esta manera:

> Él [Lutero] comenzó su asignatura con una explicación de los Salmos, y de ahí pasó a la epístola a los Romanos. Fue de manera más concreta mientras meditaba en esta porción de las Escrituras que la luz de la verdad penetró en su corazón. Al retirarse a la quietud de su habitación, solía consagrar horas completas al estudio de la divina Palabra, esta epístola del apóstol Pablo era mantenida abierta delante de él. En una ocasión, al llegar al versículo diecisiete del primer capítulo leyó ese pasaje en el profeta Habacuc, "el justo por su fe vivirá". Ese precepto le impresionó. Hay, por lo tanto, una vida para el justo diferente de la de otros hombres. Esa vida es el regalo de la fe. Esa promesa que recibió en su corazón como si Dios mismo la hubiera puesto allí, le reveló el misterio de la vida cristiana y aumentó esa vida en él. Años después, en medio de numerosas preocupaciones, se imaginaba que todavía escuchaba esas palabras: "el justo por su fe vivirá". (*The Life and Times of Martin Luther* [La vida y los tiempos de Martín Lutero] 1846, Chicago: Moody, edición de 1978, 46)

Eso ocurrió cuando Lutero era un joven profesor de teología bíblica en la Universidad de Wittenberg en Alemania a principios de los años 1500. Esa comprensión lo afectó tan profundamente que algunos años después fue compelido a escribir las famosas noventa y cinco tesis y clavarlas en la puerta de la capilla de Wittenberg. Esas declaraciones desafiaron a la Iglesia Católica Romana a ser más bíblica en algunas de sus doctrinas y prácticas. Especialmente, Lutero estaba en desacuerdo con la venta de indulgencias por la iglesia para conceder perdón de pecados. Señaló que tal remisión es otorgada libremente como un regalo de gracia por Dios, pero solo a quienes vienen a Él en genuino arrepentimiento y fe. Poco después eso condujo a un desarrollo pleno de la doctrina bíblica de la justificación por la fe y al esparcimiento de la Reforma protestante a través de gran parte de Europa.

La declaración de Dios a Habacuc también se usa en pasajes clave del Nuevo Testamento. Además de su importante uso en Romanos

1:17, se cita dos veces más en las epístolas: "Y que por la ley ninguno se justifica para con Dios, es evidente, porque: El justo por la fe vivirá" (Gá. 3:11); "Mas el justo vivirá por fe; Y si retrocediere, no agradará a mi alma" (He. 10:38).

El profeta Habacuc no relegó el tema de la fe solo al ámbito teológico. Le da una expresión maravillosa de cómo poner en práctica lo antes dicho en los tres versículos finales de su profecía:

> *"Aunque la higuera no florezca, ni en las vides haya frutos, aunque falte el producto del olivo, y los labrados no den mantenimiento, y las ovejas sean quitadas de la majada, y no haya vacas en los corrales; con todo, yo me alegraré en Jehová, y me gozaré en el Dios de mi salvación. Jehová el Señor es mi fortaleza, el cual hace mis pies como de ciervas, y en mis alturas me hace andar".*
>
> *(3:17-19)*

Ese vocabulario era muy significativo y familiar para la sociedad agrícola de los oyentes de Habacuc. Sabían que las higueras siempre florecen, las vides nunca dejan de dar fruto y los olivos eran tan robustos y duraderos que siempre producían una buena cosecha. Era inconcebible para ellos que los campos dejaran de producir alimentos y el ganado dejara de producir corderos y becerros.

El profeta dice que aún si esos aspectos rutinarios, ordinarios y fiables de la vida diaria dejaran de funcionar, si todo el mundo fuera virado al revés y retrocediera, todavía se regocijaría en Dios y continuaría confiando en Él. Aún cuando no comprenda las circunstancias, todavía comprendía la persona y la obra de Dios.

Habacuc concluye comparando su estabilidad con aquella que el Señor les da a los ciervos. He tenido la oportunidad de sobrevolar cerca de las montañas de Alaska, he visto como los ciervos se comportan. Se paran en un borde escabroso y rocoso de algún precipicio, tranquilos y confiados, sabiendo que sus pezuñas están seguras y fijamente ancladas en el sendero. Esa es la clase de confianza que Dios le dio a Habacuc y la que dará a todo creyente. Aunque pudiéramos estar en el precipicio, completamente desconcertados frente a algún dilema sin solución o alguna dificultad ineludible, el Señor nos hace como ciervos espirituales que andan con seguridad sobre los lugares altos sin temor a despeñarse. Ninguno de los precipicios de la vida es demasiado contundente si tenemos la actitud de confianza en Dios, como la tuvo Habacuc.

LA FE ES POSIBLE A TRAVÉS DE CRISTO

En Gálatas 2:20 el apóstol Pablo da testimonio con respecto ala vida de fe: "Con Cristo estoy juntamente crucificado, y ya no vivo yo, mas vive Cristo en mí; y lo que ahora vivo en la carne, lo vivo en la fe del Hijo de Dios, el cual me amó y se entregó a sí mismo por mí". Pablo simplemente dice que tanto él como otros genuinos creyentes en Cristo viven su vida confiando constantemente en el Salvador. El apóstol también dice: "porque por fe andamos, no por vista" (2 Co. 5:7). Eso significa que el cristiano, a la larga, no evalúa la vida a través de sus sentidos naturales, sino a través de los ojos de la fe. ¿Cómo podía Pablo estar tan confiado de que la vida cristiana podía funcionar de esa manera? Debido a lo que dijo a los filipenses: "Mi Dios, pues, suplirá todo lo que os falta conforme a sus riquezas en gloria en Cristo Jesús" (4:19). La clave verdadera para vivir una vida de fe es el medio divino suplido por la presencia constante y poderosa del Salvador y Señor Jesucristo.

Está claro, pues, que la primera gran actitud cristiana, la fe, comienza con la salvación y ha de caracterizar la totalidad de la vida cristiana. Es la columna fundamental sobre la cual edificar su vida, si usted dice que ama a Jesucristo. Ese era el argumento de Pablo en Romanos 5:1-10.

> *"Justificados, pues, por la fe, tenemos paz para con Dios por medio de nuestro Señor Jesucristo; por quien también tenemos entrada por la fe a esta gracia en la cual estamos firmes, y nos gloriamos en la esperanza de la gloria de Dios. Y no sólo esto, sino que también nos gloriamos en las tribulaciones, sabiendo que la tribulación produce paciencia; y la paciencia, prueba; y la prueba, esperanza; y*

la esperanza no avergüenza; porque el amor de Dios ha sido derramado en nuestros corazones por el Espíritu Santo que nos fue dado. Porque Cristo, cuando aún éramos débiles, a su tiempo murió por los impíos. Ciertamente, apenas morirá alguno por un justo; con todo, pudiera ser que alguno osara morir por el bueno. Mas Dios muestra su amor para con nosotros, en que siendo aún pecadores, Cristo murió por nosotros. Pues mucho más, estando ya justificados en su sangre, por él seremos salvos de la ira. Porque si siendo enemigos, fuimos reconciliados con Dios por la muerte de su Hijo, mucho más, estando reconciliados, seremos salvos por su vida".

2

LA OBEDIENCIA: EL COMPROMISO DEL CREYENTE

El compañero perfecto de la fe es la obediencia. La última estrofa del conocido himno "Para andar con Jesús" resume magistralmente la estrecha relación que esas dos actividades fundamentales [fe y obediencia] tienen:

Mas sus dones de amor nunca habréis de alcanzar si rendidos no vais a su altar, pues su paz y su amor solo son para aquel que a sus leyes divinas es fiel.

Una estrofa la versión original dice: "Lo que él diga haré, do me envíe iré" nos proporciona una simple definición de la obediencia espiritual. Fundamentalmente significa someterse a los mandamientos del Señor, hacer su voluntad, basado sobre lo que está claramente revelado en las Escrituras.

LA FE Y LA OBEDIENCIA SON INSEPARABLES

La Gran Comisión que Jesús dio a sus discípulos señala cuán fundamental es el tema de la obediencia para los creyentes:

"Por tanto, id, y haced discípulos a todas las naciones, bautizándolos en el nombre del Padre, y del Hijo, y del Espíritu Santo;

enseñándoles que guarden todas las cosas que os he mandado; y he aquí yo estoy con vosotros todos los días, hasta el fin del mundo. Amén".

(Mt. 28:19-20)

Aunque el versículo 19 implica proclamar el evangelio, ver a personas salvadas, y hacer que confiesen públicamente su fe en Cristo, el versículo 20 construye sobre la experiencia de salvación del nuevo convertido. El que hace discípulos, o cualquier creyente maduro, le enseñará a los nuevos cristianos a obedecer los mandamientos de Dios en su Palabra y someterse a Él. La Gran Comisión precisa los dos grandes requisitos del proceso de santificación, o de la vida del creyente en Cristo, es decir, fe y obediencia.

La obediencia es tan fundamental que si no está presente en la vida de quien dice ser cristiano, la fe de esa persona debe ser cuestionada. Esa verdad es enfatizada más de una vez por el apóstol Juan: "Dijo entonces Jesús a los judíos que habían creído en él: Si vosotros permaneciereis en mi palabra, seréis verdaderamente mis discípulos" (Jn. 8:31); "Si guardareis mis mandamientos, permaneceréis en mi amor; así como yo he guardado los mandamientos de mi Padre, y permanezco en su amor" (Jn. 15:10). El apóstol reitera ese principio todavía más llanamente en su primera epístola: "Y en esto sabemos que nosotros le conocemos, si guardamos sus mandamientos El que dice: Yo le conozco, y no guarda sus mandamientos, el tal es mentiroso, y la verdad no está en él" (1 Jn. 2:3-4).

Todos los que profesamos fe en Jesucristo tenemos también que demostrar esa fe mediante la obediencia a la Palabra de Dios. De otro modo, nuestra profesión de fe salvadora es sospechosa. La obediencia de un verdadero creyente será inequívoca, intransigente, sin refunfuñar y de corazón. La obediencia es, por lo tanto, una parte integral de la salvación de una persona.

De hecho, el apóstol Pedro describe la salvación como un acto de obediencia: "Habiendo purificado vuestras almas por la obediencia a la verdad, mediante el Espíritu, para el amor fraternal no fingido, amaos unos a otros entrañablemente, de corazón puro; siendo renacidos, no de simiente corruptible, sino de incorruptible, por la palabra de Dios que vive y permanece para siempre" (1 P. 1:22-23). "La verdad" es el evangelio, que en esencia es un mandamiento a arrepentirse y creer en el Señor Jesucristo (Mr. 1:15). En el Nuevo Testamento, el mensaje del evangelio era siempre predicado como un mandamiento (vea Mt. 3:2; 4:17; Mr. 6:12; Lc. 5:32; Hch. 2:38; 3:19; 17:30; 26:20). Debido a que es un mandamiento, requiere obediencia, y todos los que genuinamente hemos nacido de nuevo tenemos una nueva vida espiritual porque hemos oído la verdad contenida en las Escrituras, la hemos creído y la hemos obedecido.

El momento de la salvación, sin embargo, implica más que un acto aislado de obediencia. Cuando alguien pone su confianza en Cristo y en su obra redentora y recibe el perdón de sus pecados, también reconoce que el Salvador es Señor y soberano sobre su vida. Eso significa que cada creyente se ha comprometido a vivir una vida de constante obediencia, aunque inicialmente no se percató completamente de todas las implicaciones de ese compromiso.

La razón de por qué no comprendemos inmediatamente todas las ramificaciones de nuestro compromiso con Cristo es que Dios, mediante el Espíritu Santo, primero tiene que darnos ese sentido de dedicación. No se origina con nosotros, sino que el Espíritu produce en nuestro corazón la determinación de andar el camino de la obediencia a Dios como siervos de Jesucristo. Ese es el proceso de la santificación, pero eso es solo una fase de nuestra salvación.

Una perspectiva completa de la salvación y sus plenas implicaciones comienza con una compresión básica de la elección divina. Primera Pedro 1:1-2 describe a los creyentes como quienes han sido "elegidos según la presciencia de Dios Padre". La *presciencia* con frecuencia es mal interpretada. No significa que todo el mundo ha operado mediante su propia voluntad, con Dios como un observador neutral que mira adelante desde la eternidad pasada para ver quién va a creer en Él y quién no y entonces escoge salvar algunos y rechazar a otros. En cambio, presciencia significa que antes de que alguien nazca, Dios en su amor predeterminó conocer íntimamente a algunos individuos y salvarlos.

El vocablo griego traducido *presciencia* denota una relación predeterminada. Eso es el mismo concepto que define el plan de Dios para escoger a Israel de entre todas las otras naciones. Él pudo haber escogido una nación más prestigiosa y poderosa para proclamar su verdad al mundo, pero Él soberanamente predeterminó tener una relación especial y personal con Israel (vea Am. 3:2). Jesús habló de ese tema respecto de los creyentes cuando dijo "Mis ovejas oyen mi voz, y yo las conozco, y me siguen" (Jn. 10:27).

La elección según la presciencia de Dios es la primera fase de la salvación. El Señor predeterminó antes de la fundación del mundo tener una relación espiritual íntima con ciertas personas, esas que han creído o que aún creerán al evangelio antes del fin de la historia.

La frase siguiente de Pedro en el versículo dos "en santificación del Espíritu", nos hace regresar a la santificación, la fase presente de la salvación. Eso que estaba en el decreto de Dios en la eternidad pasada (la elección) pasó a la esfera del tiempo a través de la santificación obrada por el Espíritu Santo.

Eso significa que los creyentes somos salvos, mediante el obrar del Espíritu: "Respondió Jesús: De cierto, de cierto te digo, que el que no naciere de agua y del Espíritu, no puede entrar en el reino de Dios" (Jn. 3:5). De modo que el poder santificador del Espíritu comienza cuando somos salvos. La santificación incluye el ser apartado del control del pecado, la muerte, el infierno y Satanás y ser capacitado por el Espíritu Santo para vivir una vida de obediencia, conformada más y más a la imagen de Jesucristo.

Vivir una vida de obediencia es la tercera y futura fase de la salvación, como señala la afirmación de Pedro: "para obedecer y ser rociados con la sangre de Jesucristo" (v. 2). El propósito más extenso de la salvación es que todos los creyentes vivamos el resto de nuestra vida andando en obediencia al Señor. El apóstol Pablo ilumina y resume la fase futura de la salvación en Efesios 2:10 "Porque somos hechura suya, creados en Cristo Jesús para buenas obras, las cuales Dios preparó de antemano para que anduviésemos en ellas".

UN COMPROMISO DE OBEDIENCIA

La breve declaración de Pedro en 1 Pedro 1:2, "y ser rociados con la sangre de Jesucristo", nos pone delante un interesante reto interpretativo. Las palabras del apóstol son pertinentes a nuestra discusión de la cuestión de la salvación, pero a primera vista su significado podría parecer algo extraño y oscuro. El significado, sin embargo, era claro para los lectores originales de Pedro, que incluía a muchos judíos convertidos. Se refería al siguiente pasaje clave del Pentateuco, y a la ceremonia gráfica que describe:

> *"Y Moisés vino y contó al pueblo todas las palabras de Jehová, y todas las leyes; y todo el pueblo respondió a una voz, y dijo: Haremos todas las palabras que Jehová ha dicho. Y Moisés escribió todas las palabras de Jehová, y levantándose de mañana edificó un altar al pie del monte, y doce columnas, según las doce tribus de Israel. Y envió jóvenes de los hijos de Israel, los cuales ofrecieron holocaustos y becerros como sacrificios de paz a Jehová. Y Moisés tomó la mitad de la sangre, y la puso en tazones, y esparció la otra mitad de la sangre sobre el altar. Y tomó el libro del pacto y lo leyó a oídos del pueblo, el cual dijo: Haremos todas las cosas que Jehová ha dicho, y obedeceremos. Entonces Moisés tomó la sangre y roció sobre el pueblo, y dijo: He aquí la sangre del pacto que Jehová ha hecho con vosotros sobre todas estas cosas".*
>
> *(Éx. 24:3-8)*

Al comienzo de Éxodo 24, Moisés acababa de recibir la ley de Dios (los Diez Mandamientos y muchas otras ordenanzas) en el Monte Sinaí. Antes de la nueva ley mosaica, Dios había revelado su voluntad y sus caminos a su pueblo de muchas maneras diferentes. Pero a partir de ahí, su voluntad sería escrita de manera concreta y específica, todas las cosas en las leyes morales y ceremoniales y todas las leyes de la vida económica y social.

Después de descender del Sinaí, Moisés con la ayuda del Espíritu Santo, verbalmente relató la voluminosa ley de Dios al pueblo. Y ellos respondieron oralmente a una voz de compromiso bíblico, básicamente diciendo: "Obedeceremos todo lo que hemos oído". Así comenzó un proceso de compromiso entre Dios y su pueblo. Dios acordó, en la forma de la ley mosaica, proporcionar un paquete de criterios para el comportamiento del pueblo que cuando eran violados tendrían ciertas implicaciones morales y espirituales. El pueblo aceptó, en la forma de su voto público voluntario, obedecer las palabras de Dios y seguir el sendero de la justicia que su ley ahora establecía.

A continuación de la repetición oral de la ley, Moisés (presumiblemente a través de la noche) escribió, bajo la inspiración del Espíritu Santo, todas esas palabras de la ley. Temprano, la mañana siguiente edificó un altar al pie del Monte Sinaí para simbolizar públicamente el sello del pacto hecho el día anterior entre Dios y el pueblo. Para representar la participación de cada individuo, la característica prominente del altar consistía de doce columnas de piedra (realmente, montones de piedras), una por cada tribu de Israel. Para expresar mejor la solemne decisión de cada uno de obedecer la ley de Dios, ofrendas quemadas y ofrendas de paz de becerros eran ofrecidas en la presencia del Señor.

A continuación, Moisés hizo algo verdaderamente fascinante con toda la sangre producida a medida que los becerros eran sacrificados y preparados para las ofrendas. La mitad de la sangre permanecía en grandes vasijas, y la otra mitad era esparcida por Moisés sobre el altar, que representaba a Dios. El derramar la sangre era el próximo paso demostrable y simbólico que Moisés tomó para ratificar el pacto.

Entonces, como si quisiera reforzar la importancia de su contenido, Moisés permitía que el pueblo tuviera una segunda oportunidad de oír la ley mediante la lectura de todas las palabras que había escrito la noche antes. El pueblo de Israel respondió exactamente como lo había hecho cuando escuchó la lectura de la ley el día anterior: "Haremos todas las cosas que Jehová ha dicho, y obedeceremos" (v. 7).

Finalmente, Moisés selló el pacto hecho entre Dios y el pueblo al tomar la sangre de las vasijas y rociarla sobre el pueblo. La sangre era la demostración física de que se había hecho un compromiso entre dos partes. La sangre sobre el altar simbolizaba el acuerdo de

Dios de revelar la ley. La sangre sobre el pueblo simbolizaba su acuerdo de obedecer esa ley.

Así que el intenso simbolismo de Éxodo 24:3-8 es un paralelismo excelente con las declaraciones con respecto a la salvación en 1 Pedro 1:2. Cuando Pedro dice: "y ser rociados con la sangre de Jesucristo", el apóstol simplemente quiere decir que cuando un creyente confía en Cristo, acepta su parte del nuevo pacto. Dios permitió al profeta Ezequiel predecir ese principio: "Os daré corazón nuevo, y pondré espíritu nuevo dentro de vosotros; y quitaré de vuestra carne el corazón de piedra, y os daré un corazón de carne. Y pondré dentro de vosotros mi Espíritu, y haré que andéis en mis estatutos, y guardéis mis preceptos, y los pongáis por obra" (Ez. 36:26-27; vea Jer. 31:33).

De modo que la salvación era y es un pacto de obediencia. Dios ofrece su Palabra, sus medios de gracia, sus bendiciones y cuidados, y nosotros respondemos con la promesa de obedecer. Es como si la sangre que fue rociada en Cristo, el sacrificio perfecto, fue entonces rociada sobre nosotros debido a nuestra aceptación de su nuevo pacto. ¡Qué cuadro tan hermoso es este!

LA OBEDIENCIA EN PRÁCTICA

Cuando vinimos a un fe salvadora en Jesucristo, entramos en un ámbito de obediencia completamente nuevo. Antes de eso, habíamos sido obedientes a la carne, al mundo y al diablo y éramos controlados por todas las diferentes facetas del pecado. Pero como creyentes, ahora debemos ser obedientes a la justicia de Cristo.

Romanos 6:16-18 nos recuerda cual es nuestra posición en Cristo y, por lo tanto, qué clase de actitud obediente debemos tener:

> *"¿No sabéis que si os sometéis a alguien como esclavos para obedecerle, sois esclavos de aquel a quien obedecéis, sea del pecado para muerte, o sea de la obediencia para justicia? Pero gracias a Dios, que aunque erais esclavos del pecado, habéis obedecido de corazón a aquella forma de doctrina a la cual fuisteis entregados; y libertados del pecado, vinisteis a ser siervos de la justicia".*

Primero el apóstol Pablo expresa el hecho obvio de que cuando alguien se presenta a sí mismo como esclavo de otra persona, la cuestión primordial es la obediencia, es decir, hacer lo que dice el amo. Eso es verdad ya sea el caso de un inconverso y siervo del pecado, o el de un creyente y siervo de Cristo.

Entonces Pablo toma esa simple ilustración y la aplica a la frase crucial: "habéis obedecido de corazón" en el versículo 17. La obediencia de corazón debe ser una actitud que controla y un deseo en cada cristiano. El creyente debe tener un deseo tan fuerte de obediencia que constantemente manifiesta la obediencia como una característica fundamental de su vida cristiana. Los creyentes llegamos a ser tan obedientes a lo que la Palabra de Dios nos enseña que llegamos a ser "siervos de la justicia" (v. 18).

Otros pasajes del Nuevo Testamento dejan claro que no es suficiente para los creyentes simplemente oír o leer la palabra (vea la firme advertencia y la seria ilustración en Mateo 7:21-27). La pregunta fundamental es: ¿Estamos obedeciéndola?

El apóstol Santiago se ocupa de la importancia de la obediencia cuando declara: "Pero sed hacedores de la palabra, y no tan solamente oidores, engañándoos a vosotros mismos". Cuando alguien no aplica regularmente las Escrituras a su vida, está engañándose acerca de su verdadera condición espiritual. Santiago ilustra ese principio de esta manera: "Porque si alguno es oidor de la palabra pero no hacedor de ella, éste es semejante al hombre que considera en un espejo su rostro natural. Porque él se considera a sí mismo, y se va, y luego olvida cómo era" (vv. 23-24). Permítame que ilustre esto más ampliamente con un ejemplo más contemporáneo.

Suponga que un hombre decide un día afeitarse su barba o su bigote. Mientras se afeita, una llamada telefónica lo interrumpe. Cuando termina la conversación, se olvida de que se había estado afeitando y, en cambio, termina de vestirse y sale a trabajar solo para encontrarse con la risa y las bromas de sus compañeros de trabajo, quienes le dicen cuán ridículo se ve. Eso es lo que ocurre con cualquiera que solo da un vistazo a la Palabra, se aleja y no la aplica a su vida. No se percata de cuán mala es su situación espiritual y vive engañado con respecto a sus necesidades espirituales.

Eso verdaderamente es aplicable a un inconverso que oye el evangelio pero no toma el tiempo para darle seria consideración. Las palabras de verdad no penetran y permanece engañado con respecto a su verdadera condición. Santiago 1:23-24 también es aplicable a una persona que asiste a la iglesia, oye la Palabra predicada, hace una profesión de fe, piensa que es cristiano, pero nunca aplica a su vida nada de lo que oye.

Desafortunadamente, un creyente genuino también puede ser engañado con respecto a cierta área de la vida cristiana en la que está pecaminosamente deficiente, vive como vivía antes y es engañado con respecto a la verdadera condición de su vida espiritual.

Santiago concluye presentando un perfil del cristiano obediente: "Mas el que mira atentamente en la perfecta ley, la de la libertad, y persevera en ella, no siendo oidor olvidadizo, sino hacedor de la obra, éste será bienaventurado en lo que hace" (v. 25). En el texto griego, el verbo "mira atentamente" se refiere a una mirada concentrada y prolongada para poder valorar algo correctamente. Usted debe examinar la perfecta ley de la libertad, que es la Palabra de Dios que lo libera del pecado y de la muerte (vea Jn. 8:32; 1 P.1:23-25; 2:2) y permanecer en ella. Solo siendo "un hacedor eficaz" en vez de "un oidor olvidadizo" será plenamente bendecido. Una actitud de obediencia produce verdadera bendición.

En conclusión, cuando experimentamos la salvación, hicimos con el Señor un pacto simple, pero de largo alcance. Por lo tanto, la actitud de obediencia debe acompañar la actitud de fe en la vida cristiana porque ambas son fundamentales para nuestra salvación. Las iglesias que tienen la bendición de tener a creyentes que exhiben las dos columnas de la fe y la obediencia también estarán llenas de gozo, poder y bendición de Dios.

3

BIENAVENTURADOS LOS HUMILDES

La verdadera espiritualidad, que siempre caracteriza la fe bíblica y la obediencia, también va acompañada de la actitud de humildad. Esa actitud se encuentra en el centro mismo de la vida cristiana. Es el fundamento de todas las gracias, aún así tanto de lo que pasa por el cristianismo en nuestros días enfatiza el orgullo y el amor propio, cosas que también eran prominentes en el judaísmo en tiempos de Jesús. Los judíos, sobre todo los escribas y los fariseos, exhibían su religión externa delante de otros y esperaban recibir en cambio alabanzas y halagos. Jesús denunció esa hipocresía cuando enseñó a los doce y a otros discípulos lo siguiente:

> *"Antes, hacen todas sus obras para ser vistos por los hombres. Pues ensanchan sus filacterias, y extienden los flecos de sus mantos; y aman los primeros asientos en las cenas, y las primeras sillas en las sinagogas, y las salutaciones en las plazas, y que los hombres los llamen: Rabí, Rabí. Pero vosotros no queráis que os llamen Rabí; porque uno es vuestro Maestro, el Cristo, y todos vosotros sois hermanos. Y no llaméis padre vuestro a nadie en la tierra; porque uno es vuestro Padre, el que está en los cielos. Ni seáis llamados maestros; porque uno es vuestro Maestro, el Cristo. El que es el mayor*

de vosotros, sea vuestro siervo. Porque el que se enaltece será humillado, y el que se humilla será enaltecido".

(Mt. 23:5-12)

LA ENSEÑANZA DE JESÚS ACERCA DE LA HUMILDAD

Los dirigentes judíos obviamente no prestaron atención a las instrucciones anteriores del Señor en contra del orgullo espiritual al que había aludido en las primeras bienaventuranzas: "Bienaventurados los pobres en espíritu, porque de ellos es el reino de los cielos. Bienaventurados los que lloran, porque ellos recibirán consolación. Bienaventurados los mansos, porque ellos recibirán la tierra por heredad. Bienaventurados los que tienen hambre y sed de justicia, porque ellos serán saciados" (Mt. 5:3-6). Cada una de esas piadosas actitudes, con sus consiguientes promesas, describe a personas que están en el reino de Dios. Identifican a esas personas que tienen consuelo en todas las cuestiones importantes de la vida y que pueden mirar adelante el día cuando heredarán la tierra en su forma final, es decir, las glorias del nuevo cielo y la nueva tierra. Y cada bienaventuranza describe una faceta de la humildad.

Pobreza de espíritu

Cristo comienza el sermón con la frase: "Bienaventurados los pobres en espíritu". "Pobre" es el vocablo griego *ptochos*, que significa alguien que es tan pobre que tiene que mendigar. Era usado específicamente de mendigos que no tenían oficio o que estaban demasiado incapacitados para trabajar. Esas personas tan pobres estaban en bancarrota económica, totalmente destituidas y sin ningún medio de sostén.

El reino de Dios pertenece a los que están espiritualmente destituidos. Todos los que son genuinamente salvos se han percatado de su propia bancarrota espiritual. De modo que sabían que no podían entrar sobre la base de algún mérito personal. En resumidas cuentas, el reino pertenece a todo aquel que, como el publicano de la parábola de Jesús tenía esta actitud: "Mas el publicano, estando lejos, no quería ni aun alzar los ojos al cielo, sino que se golpeaba el pecho, diciendo: Dios, sé propicio a mí, pecador" (Lc. 18:13).

En contraste, formar parte del reino de Dios no pertenece a quienes cuentan con su bautismo, su educación eclesial o su herencia cristiana. La entrada en el reino tampoco pertenece a las personas que solo cuentan con una fecha cuando "hicieron una decisión por Cristo" o cuando pasaron al frente al final del culto. Asimismo, quienes se enorgullecen de su conformidad con todas las formas externas de la tradición de su iglesia, que ofrendan sistemáticamente para los diferentes ministerios y que están siempre ocupados en actividades religiosas no pueden presumir de tener entrada automática en el reino. Los únicos que pueden reclamar esa seguridad son aquellos que humildemente se han abandonado a la misericordia de Dios, fueron limpiados de sus pecados y, por lo tanto, "descendieron a [sus] casas justificados", tal como Jesús describió al publicano en Lucas 18:14.

Llanto espiritual

Las personas que comprenden y hacen frente a su bancarrota espiritual también "lloran" por sus pecados. Ese no es un llanto inadecuado que manifiesta tristeza por planes pecaminosos que son frustrados (vea 2 S. 13:2) o que manifiesta una tristeza prolongada y deprimida o una cantidad anormal de pesar debido a lealtades y afectos equivocados (vea 2 S. 18:33—19:6). Esa clase de llanto es erróneo y con frecuencia se relaciona con culpa egoísta, infidelidad y con una falta de confianza pecaminosa en el Señor.

El llanto del que Jesús habla en Mateo 5:4 ni siquiera es el mismo que la forma legítima que todos manifestamos de vez en cuando como algo normal en la vida, tal como cuando un ser querido muere (vea Gn. 23:2). Tampoco es la clase de llanto que tiene lugar cuando un creyente está desanimado en el ministerio (2 Ti. 1:3-4), cuando está triste por el pecado de otro (Jer. 9:1), o cuando los creyentes están preocupados por el bienestar espiritual de otros cristianos (Hch. 20:31—37.38), o cuando están angustiados por las dificultados de un familiar o un amigo (Mr. 9:24).

Jesús ciertamente sabe con respecto a todas esas tristezas correctas de los creyentes, y Él les proporcionará toda la ayuda que necesitan para hacer frente a las pruebas. Pero esa no es la cuestión en Mateo 5. En el versículo 4 el Señor se refiere a un llanto piadoso que solo los que están seriamente en busca de Él para la salvación o los que ya lo conocen pueden experimentar. Pablo felicitó a los corintios por esa clase de llanto (tristeza): "Porque la tristeza que es según Dios produce arrepentimiento para salvación, de que no hay que arrepentirse; pero la tristeza del mundo produce muerte. Porque he aquí, esto mismo de que hayáis sido contristados según Dios, ¡qué solicitud produjo en vosotros, qué defensa, qué indignación, qué temor, qué ardiente afecto, qué celo, y qué vindicación! En todo os habéis mostrado limpios en el asunto" (2 Co. 7:10-11).

De los nueve diferentes vocablos griegos usados en el Nuevo Testamento para expresar *tristeza*, el que es traducido "lloran" en Mateo 5:4 y en otros pasajes representa los sentimientos más fuertes y la tristeza más sincera (vea Mr. 6:10; Ap. 18:11, 15; y Gn. 37:34 [Antiguo Testamento griego]). Además, comunica el concepto de una profunda agonía interior, acompañada algunas veces por una manifestación externa de llanto y lamento. Cuando David lloró por su pecado y lo confesó, declaró:

> *"Bienaventurado aquel cuya trasgresión ha sido perdonada, y cubierto su pecado. Bienaventurado el hombre a quien Jehová no culpa de iniquidad, y en cuyo espíritu no hay engaño".*
>
> *(Sal. 32:1-2)*

En Mateo 5:4, Jesús usa el participio presente *penthauntes* que indica una acción continua. Creyentes fieles y maduros tendrán una actitud constante, de toda la vida, de llanto o quebranto por el pecado que les permitirá ver más y más del amor y la misericordia de Dios y menos, y menos de su propio orgullo. La verdadera expresión de esta actitud (no permitirá la entrada de la compasión por uno mismo ni de la falsa humildad) no se centra en la persona ni en su pecado, sino que humilde y felizmente mira a Dios quien es el único que puede perdonar la iniquidad. Es la actitud que Pablo expresó en Romanos 7 cuando describió su constante batalla contra el pecado y concluyó diciendo: "¡Miserable de mí! ¿Quién me librará de este cuerpo de muerte? Gracias doy a Dios, por Jesucristo Señor nuestro. Así que, yo mismo con la mente sirvo a la ley de Dios, mas con la carne a la ley del pecado" (vv. 24-25).

Si continuamente lloramos por el pecado seremos continuamente consolados. Aunque podemos conocer ese consuelo en el presente (Mt. 11:28; 2 Ts. 2:16), este será completado solo en la gloria del cielo, donde: "Enjugará Dios toda lágrima de los ojos de ellos; y ya no habrá muerte, ni habrá más llanto, ni clamor, ni dolor; porque las primeras cosas pasaron" (Ap. 21:4).

Mansedumbre

La actitud de mansedumbre (Mt. 5:5), según la divina sabiduría de nuestro Señor, ocupa lugar en la presentación lógica de las bienaventuranzas. La pobreza de espíritu nos lleva a alejarnos de nuestro orgullo pecaminoso y a llorar debido a nuestras injusticias. Entonces la mansedumbre, que también es un producto de nuestra humildad, nos hará buscar la justicia de Dios.

El vocablo griego (*praos*) traducido "mansos" en el versículo 5, esencialmente significa "tierno" o "suave" y a veces describe a una medicina relajante o a una brisa suave. También describe el temperamento de animales cuyos espíritus salvajes naturales han sido quebrantados para hacerlos útiles como animales de trabajo. En los seres humanos define una actitud que era humilde, sumisa, tranquila y compasiva. Aunque Jesús, durante su entrada triunfal en Jerusalén, fue aclamado como el Rey de los judíos, Mateo dice también que venía "manso, y sentado sobre una asna" (21:5).

La mansedumbre ha sido siempre la voluntad de Dios para su pueblo. Job. 5:11 dice de Dios: "Que pone a los humildes en altura, y a los enlutados levanta a seguridad". Números 12:3 dice: "Y aquel varón Moisés era muy manso, más que todos los hombres que había sobre la tierra" y David, el hombre según el corazón de Dios, escribió que el Señor: "Encaminará a los humildes por el juicio, y enseñará a los mansos su carrera" (Sal. 25:9).

La mansedumbre es enfatizada también a través del Nuevo Testamento. Además de la enseñanza de Jesús acerca del tema, Pablo tiene mucho que decir. El apóstol exhortó a los creyentes en Éfeso así: "Yo pues, preso en el Señor, os ruego que andéis como es digno de la vocación con que fuisteis llamados, con toda humildad y mansedumbre, soportándoos con paciencia los unos a los otros en amor" (Ef. 4:1-2). Instruyó a Tito a instruir a los cristianos de esta manera: "Recuérdales que se sujeten a los gobernantes y autoridades, que obedezcan, que estén dispuestos a toda buena obra que a nadie difamen, que no sean pendencieros, sino amables, mostrando toda mansedumbre para con todos los hombres" (Tit. 3:1-2).

En castellano, el vocablo *mansedumbre* y su correlativo *sumiso* algunas veces se les ha asociado con debilidad, pero esa es una interpretación errónea del significado válido. La mansedumbre es poder colocado bajo control, como dice el escritor de Proverbios: "Mejor es el que tarda en airarse que el fuerte; y el que se enseñorea de su espíritu, que el que toma una ciudad" (Pr. 16:32). En contraste, el individuo que no es manso es comparado a "una ciudad derribada y sin muro" (Pr. 25:28). La mansedumbre siempre usa sus recursos adecuadamente, contrario a las emociones fuera de control que tan frecuentemente son destructivas y que no tienen un lugar en la vida del creyente.

La mansedumbre tampoco debe igualarse a la cobardía o a la simple amabilidad humana ni con la falta de convicción. Es, en cambio, una virtud extraída del valor, la fuerza, la convicción y una buena disposición procedente de Dios y no de los recursos humanos egocéntricos. La mansedumbre era una característica de nuestro Señor Jesucristo, quien siempre defendió la gloria de Dios y, a la postre, se dio a sí mismo en sacrificio por otros (vea 1 P. 2:21-24). Aunque no amenazaba cuando era criticado, calumniado o tratado injustamente, Jesús respondía adecuada y firmemente cuando el honor de Dios era profanado o su verdad era pervertida o descuidada. Dos veces limpió el templo por la fuerza (Jn. 2:14-16; Mt. 21:12-17), y repetidas veces y enérgicamente denunció la hipocresía de los dirigentes religiosos judíos (Mt. 23:13-36; Mr. 12:13-40: Jn. 8.12-59; 9:39-41).

Igual que Cristo, el manso no se defiende a sí mismo. Eso se debe a que ha muerto al ego y, por lo tanto, no le preocupan los insultos, las pérdidas materiales ni aun el daño personal. El creyente que posee mansedumbre sabe que en sí mismo no merece defensa y que al fin y al cabo no merece la pena pelear por todas sus posesiones. En ese sentido, la mansedumbre es lo opuesto a la violencia y a la venganza.

El resultado de la mansedumbre, según Jesús, es que quienes la tienen "heredarán la tierra" (Mt. 5:5). Un día Dios reclamará su dominio terrenal, que fue ensuciado por la caída, y los creyentes gobernarán ese dominio con Él. Por lo tanto, los que son mansos, es decir, los verdaderos creyentes pueden confiar plenamente en la promesa de Jesús. El uso que el Señor hace del pronombre griego enfático *autos* sugiere que solo los mansos heredarán la tierra con Él.

El vocablo griego traducido "heredar" (*kleronomeo*) significa "recibir la porción asignada o la herencia legitima". Es una promesa junta con el Salmo 37:11, que a pesar de la prosperidad presente de muchos inconversos y de los sufrimientos que padecen muchos creyentes, el tiempo de ajustar cuentas viene. El inconverso (a menos que se arrepienta y crea) será juzgado y el creyente heredará las bendiciones que Dios ha prometido.

La imposición de juicio y el otorgar bendiciones yacen en las manos soberanas de Dios y será ejecutado exactamente en su tiempo y según su voluntad. Mientras tanto, sus hijos deben vivir en fe y obediencia, con mansedumbre, sabiendo que entonces "heredarán la tierra".

Hambre y sed espiritual

La cuarta bienaventuranza: "Bienaventurados los que tienen hambre y sed de justicia, porque ellos serán saciados" (Mt. 5:6) es más positiva y fluye de las tres anteriores. Cuando alguien muere a su ego, llora por su pecaminosidad, y rinde su poder al control de Dios, recibirá un fuerte deseo por la justicia y un anhelo intenso por más de lo que Dios tiene.

Martín Lloyd-Jones define la importancia de Mateo 5:6:

> Esta bienaventuranza... es una declaración a la que conducen todas las demás. Es la conclusión lógica a la que lle-

> gan, y es algo por lo que todos deberíamos estar profundamente agradecidos a Dios. No conozco un mejor examen que alguien podría aplicarse a sí mismo en la cuestión de la profesión cristiana que un versículo como este. Si este versículo es para usted una de las más benditas declaraciones de toda la Biblia, puede estar bien seguro de que usted es un cristiano. Si no lo es, haría bien en examinar de nuevo los fundamentos. (*Studies in the Sermon on the Mount* [Estudios sobre el Sermón del Monte] [Grand Rapids, Mich.: Eerdmans, 1971]1:73-74)

Aunque los creyentes genuinos todavía luchan con la carne pecaminosa (vea Ro. 8:23), desean conocer y obedecer más y más de la verdad de Dios. Eso es evidente en la confesión de David: "¡Oh, cuanto amo yo tu ley!" (Sal. 119:97). El apóstol Pablo expresa la misma pasión por la justicia: "Porque según el hombre interior, me deleito en la ley de Dios" (Ro.7:22).

La siguiente historia de la vida real de la Primera Guerra Mundial es una excelente ilustración del profundo significado que la frase de Jesús "hambre y sed" transmite. Cuando Palestina fue liberada, una fuerza de soldados del Reino Unido perseguía de cerca a los turcos que iban en retirada a través del desierto. Los soldados aliados pronto dejaron atrás a la caravana de camellos que transportaba el agua al pasar Beerseba y continuar hacia el norte. Pero después el agua se agotó y los hombres comenzaron a sentir los efectos. La boca de cada uno de ellos se resecó y sus labios se inflamaron y se volvieron de color púrpura. Surgieron los dolores de cabeza, los mareos y los desmayos. Sus ojos enrojecidos y borrosos veían espejismos. En desesperación todos se dieron cuenta que tenían que alcanzar los pozos en Sheriah al anochecer para evitar sufrir miles muertos. Cientos ya habían muerto de sed. Así que los otros pelearon valientemente y expulsaron a los soldados turcos de Sheriah.

Después de la batalla, los soldados británicos más fuertes fueron ordenados a ponerse en atención cerca de las grandes cisternas de piedra mientras se distribuía el agua a los heridos y a los que debían de hacer la guardia. Mientras que los necesitados se refrescaban, los otros hombres estaban a unos siete metros de done había miles de galones de agua. Habían agonizado durante muchos días para llegar al sitio del agua fresca y aun así fueron obligados a esperar cuatro horas más antes de disfrutar de esta.

Uno de los militares que presenció aquella marcha se dice que hizo esta aplicación espiritual: "Creo que todos aprendimos nuestra primera verdadera lección bíblica en la marcha de Beerseba a los pozos de Sheriah. Si esa fuera nuestra sed de Dios, de justicia y de su voluntad en nuestra vida, un deseo preocupante, consumidor, completo ¿Cuán ricos seríamos en el fruto del Espíritu?" (E. Blaiklock, "Water" [agua], *Eternity* [eternidad] [agosto 1966], 27).

Esta ilustración muestra que Jesús usó los más poderosos impulsos y anhelos naturales para representar cómo nosotros como creyentes debemos desear profundamente la justicia. "Hambre" y "sed" ambos son participios presentes, que sugieren un deseo y una búsqueda continua. Si conocemos a Cristo, continuamente vamos a ansiar la santidad, tal como anhelamos conocerlo para nuestra salvación. La impecabilidad y la completa semejanza al Señor no ocurren hasta que lleguemos al cielo. Por lo tanto, necesitamos estar siempre y nunca debemos dejar de tener hambre por un mayor crecimiento en la santificación. Esa es una actitud que tendremos cada día (vea Lc. 6:21), si somos verdaderamente mansos. Pablo oraba por los filipenses de esta manera: "Y esto pido en oración, que vuestro amor abunde aun más y más en ciencia y en todo conocimiento, para que aprobéis lo mejor, a fin de que seáis sinceros e irreprensibles para el día de Cristo" (Fil. 1:9-10).

Otra característica del hombre espiritual es que su objeto es abarcarlo todo. Eso se ve claramente en la gramática de Mateo 5:6. Jesús usa un genitivo de objeto, según el texto griego, para el vocablo "justicia", que lo hace el objeto completo e incuestionable de "hambre y sed". Los que verdaderamente anhelan la justicia desearán toda la justicia que existe (vea 5.48; 1 P. 1:15-16).

Nuestro Señor usa el artículo determinado griego (excluido de muchas versiones castellanas) delante del sustantivo "justicia" lo que denota una clase especial de justicia, *la* justicia, esa que es verdadera y solo procede de Dios, porque la realidad reside en Él.

Finalmente, la actitud de hambre espiritual es incondicional. Si tenemos esa clase de justicia, buscaremos y aceptaremos la justicia de Dios no importa cómo Él la provea, y obedeceremos sus mandamientos por muy desafiante y difícil que sea esa tarea. No seremos como el joven rico (Mr. 10:1-22) quien tenía hambre por las cosas de este mundo más que por las cosas de Dios. Sus condiciones egocéntricas para las bendiciones de Dios le impidieron recibirlas. El que tiene hambre espiritual solo desea a Cristo y su reino (vea Sal. 119:20; Is. 26:9), incluso si eso significa el no tener algunas de las riquezas materiales que las personas del mundo tienen.

Las actitudes que Jesús enseñó en Mateo 5:3-6 deben caracterizar a los creyentes a través de toda la vida en la tierra. Si usted es cristiano, no se convierte en alguien más digno de la salvación o más merecedor de la bondad de Dios que cuando primero entró en el reino. Todavía peca, y todavía es la gracia de Dios lo que lo sostiene. Por lo tanto, nunca hay un tiempo o un lugar para el ejercicio del orgullo egoísta en su vida. Cualquier característica piadosa u obra noble que pudieran manifestarse en usted son la obra del Señor, no de su propia ingeniosidad o en su bondad innata. Es por eso que Pedro nos exhorta en 1 Pedro 5:5-6: "Igualmente, jóvenes, estad sujetos a los ancianos; y todos, sumisos unos a otros, revestíos de humildad; porque: Dios resiste a los soberbios, y da gracia a los humildes. Humillaos, pues, bajo la poderosa mano de Dios, para que él os exalte cuando fuere tiempo".

EL AGUIJÓN EN LA CARNE DE PABLO

No caben dudas de que Dios quiere que los creyentes tengamos humildad. Pero debido a la pecaminosidad que persiste, a veces Dios hace lo que haga falta para hacernos humildes. Incluso el apóstol Pablo experimentó la obra humilladora de Dios en medio de su ministerio, no solo en su conversión cuando iba rumbo a Damasco:

> *"Ciertamente no me conviene gloriarme; pero vendré a las visiones y a las revelaciones del Señor. Conozco a un hombre en Cristo, que hace catorce años (si en el cuerpo, no lo sé; si fuera del cuerpo, no lo sé; Dios lo sabe) fue arrebatado hasta el tercer cielo; y conozco al tal hombre (si en el cuerpo, o fuera del cuerpo, no lo sé; Dios lo sabe), que fue arrebatado al paraíso, donde oyó palabras inefables que no le es dado al hombre expresar. De tal hombre me gloriaré; pero de mí mismo en nada me gloriaré, sino en mis debilidades. Sin embargo, si quisiera gloriarme, no sería insensato, porque diría la verdad; pero lo dejo, para que nadie piense de mí más de lo que en mí ve, u oye de mí. Y para que la grandeza de las revelaciones no me exaltase desmedidamente, me fue dado un aguijón en mi carne, un mensajero de Satanás que me abofetee, para que no me enaltezca sobremanera; respecto a lo cual tres veces he rogado al Señor, que lo quite de mí. Y me ha dicho: Bástate mi gracia; porque mi poder se perfecciona en la debilidad. Por tanto, de buena gana me gloriaré más bien en mis debilidades, para que repose sobre mí el poder de Cristo".*
>
> *(2 Co. 12:1-9)*

A pesar de que habla más bien indirectamente en el versículo 2 con respecto a "un hombre en Cristo" el contexto hace obvio que Pablo se refiere a sí mismo. Menciona una experiencia sobrenatural extraordinaria que había tenido catorce años antes (probablemente en algún punto entre su regreso a Tarso de Jerusalén [Hch. 9:30] y el comienzo de sus viajes misioneros [Hch. 13:1-3]), los detalles y la realidad de dicha experiencia, Pablo ni los comprendió ni los pudo explicar plenamente. No estaba seguro si fue transportado al cielo corporalmente. Pero Dios sabe cómo ocurrió, y eso es lo que importa.

Cualesquiera que hayan sido los detalles, Pablo fue milagrosamente transportado al "tercer cielo" (el mismo lugar conocido como "el paraíso"), la habitación del Dios Todopoderoso y el lugar de su trono. A pesar del conocimiento incompleto e impreciso con respecto a cómo esas cosas ocurrieron, Pablo repitió, como para enfatizar, su afirmación que verdaderamente había sido llevado al cielo. Estaba seguro de que el suceso había tenido lugar, e incluso escuchó palabras de origen sobrenatural dichas solo a él. De modo que esa experiencia fue única para Pablo, no importa lo que muchos carismáticos o místicos digan hoy día. Las palabras que escuchó eran también especiales, "palabras inefables que no le es dado al hombre expresar" (v. 4), y más allá de lo que dice el texto, no podemos saber lo que eran.

Pero las diferentes experiencias desconocidas del relato de Pablo carecen de importancia. Su verdadero propósito al escribir de su increíble experiencia es relatar lo que aprendió con respecto a la humildad. El apóstol sabía que no se le había otorgado un viaje especial al cielo porque era muy espiritual y merecía ese privilegio. Aunque un parte de él deseaba celebrar y regocijarse con la memoria de ese viaje, se inclinaba más a mirar atrás y regocijarse en su debilidad.

Ese incidente y otras muchas visiones y revelaciones (vea Hch. 9:3-18; 16:9-10; 27:23-24; Gá. 1:12; 2:2; Ef. 3:3) fácilmente pudieron haber hecho que el apóstol se elevara con orgullo y con sentimiento de superioridad. Es por eso que 2 Corintios 12:7 dice: "Y para que la grandeza de las revelaciones no me exaltase desmedidamente, me fue dado un aguijón en mi carne, un mensajero de Satanás que me abofetee, para que no me enaltezca sobremanera".

Pablo habla metafóricamente de "un aguijón" pero el agente de su humildad es comparado mejor con una púa afilada que podía penetrar profundamente en su orgullosa carne. No era una cosa pequeña como la espina de un rosal, sino algo lo suficientemente importante capaz de humillarlo de verdad. De hecho, era un mensajero de Satanás a quien Dios permitía que impidiera que Pablo se inflara de orgullo. Y está claro que esa persona obraba por mandato de Dios para afligir a Pablo porque el apóstol pidió al Señor tres veces, sin éxito, que le quitara ese aguijón.

Creo que esa referencia particular a una persona poseída de demonio o satánicamente inspirada se refiere al cabecilla de los falsos maestros de Corinto que conspiraban contra Pablo y que devoraban a los creyentes de aquella ciudad. Sin duda, a Pablo no le gustaba ser acorralado por sus adversarios en Corinto y muy probablemente oró pidiendo que Dios los destruyera, así como David oró en los salmos imprecatorios con respecto a sus enemigos. Pero Dios quería usar al cabecilla de los oponentes de Pablo como un instrumento para humillarlo. El Señor estaba dispuesto, como lo está con frecuencia, a usar cualquier extremo necesario para humillar a uno de sus siervos, aunque eso signifique enviar un mensajero de Satanás para afligir a Pablo, permitir divisiones en la iglesia en Corinto para desafiarlo, o permitir que sus enemigos en Corinto directamente lo prueben hablando mal de su carácter. Es crucial para Dios que los creyentes entiendan y abracen la actitud de humildad.

Segunda Corintios 12:9 explica, además, cuán importante es la humildad para los que conocemos a Cristo: "Y me ha dicho: Bástate mi gracia; porque mi poder se perfecciona en la debilidad. Por tanto, de buena gana me gloriaré más bien en mis debilidades, para que repose sobre mí el poder de Cristo". Dios enderezó a Pablo y le enseñó que cuando estaba al final de sí mismo y no tenía nada, entonces era más útil en el ministerio. El apóstol, por lo tanto, llegó a comprender que el poder espiritual está directamente relacionado con la humildad y con la bancarrota espiritual. Escudriñó su corazón, dejó que la obra humilladora de Dios continuara, y aprendió a abrazar la adversidad, las falsas acusaciones, las críticas maliciosas, los ataques a su carácter, y muchas tergiversaciones de sus motivos. Esas son las mismas cosas que con frecuencia tenemos que hacer si queremos exhibir una genuina actitud de humildad.

LAS SEÑALES DE LA PERSONA HUMILDE

Algunas de las verdaderas señales del cristiano humilde son resumidas en la exhortación de Pablo a los filipenses: "Nada hagáis por contienda o por vanagloria; antes bien con humildad, estimando cada uno a los demás como superiores a él mismo; no mirando cada uno por lo suyo propio, sino cada cual también por lo de los otros" (2:3-4).

La primera señal básica de la persona humilde es que ve su propio pecado como peor que el de otros. Pablo mismo fue un ejemplo perfecto de esta actitud. "Palabra fiel y digna de ser recibida por todos: que Cristo Jesús vino al mundo para salvar a los pecadores, de los cuales yo soy el primero". Cuando son *nuestros* pecados los que más nos entristecen y ofenden y son los que más deseamos evitar, entonces demostramos una verdadera medida de humildad.

Otra señal de la persona humilde es que no es egocéntrica (Fil. 2:4). Las personas desinteresadas están más preocupadas con la vida de otros, incluyendo sus actividades, sus éxitos y sus fracasos, sus bendiciones y sus desilusiones, y su prosperidad o pobreza, sus propios intereses, privilegios, popularidad, logros o reputación son secundarios cuando se comparan con las necesidades de otros.

Por supuesto, el Señor tuvo la actitud suprema de desinterés personal, tal como lo expresa Filipenses 2:5-8:

> *"Haya, pues, en vosotros este sentir que hubo también en Cristo Jesús, el cual, siendo en forma de Dios, no estimó el ser igual a Dios como cosa a que aferrarse, sino que se despojó a sí mismo, tomando forma de siervo, hecho semejante a los hombres; y estando en la condición de hombre, se humilló a sí mismo, haciéndose obediente hasta la muerte, y muerte de cruz".*

Cristo estuvo perfectamente dispuesto a poner a un lado sus privilegios divinos y ser separado del Padre para sufrir una agonía inexplicable e incomprensible para que pudiéramos ser salvos. Ese maravilloso y conocido pasaje destaca la magnitud de la humildad de nuestro Señor y Salvador en nuestro favor. Condescendió a nuestro nivel humano, incluso hasta realizar el papel de un esclavo, para que en su muerte sustituta pudiera cumplir el plan de Dios para redimir a todos los que tienen fe y son obedientes a Él.

La actitud de humildad realiza un círculo completo, es decir, regresa a Jesucristo y lo que hizo por los que estaban en bancarrota espiritual, por pecadores completamente indignos. Eso nos lleva a lo que nuestra actitud debe ser si hemos de cosechar los beneficios de su obra expiatoria y entrar en su reino. Esa fue la actitud que Jesús exhortó a sus discípulos que tuvieran:

"En aquel tiempo los discípulos vinieron a Jesús, diciendo: ¿Quién es el mayor en el reino de los cielos? Y llamando Jesús a un niño, lo puso en medio de ellos, y dijo: De cierto os digo, que si no os volvéis y os hacéis como niños, no entraréis en el reino de los cielos. Así que, cualquiera que se humille como este niño, ése es el mayor en el reino de los cielos".

(Mt. 18:1-4)

Justo en medio del debate orgulloso realizado por los mismos discípulos con respecto a quién de ellos sería el mayor en el reino, Jesús usó a un niño para ilustrar la humildad. Un niño es totalmente dependiente, y esa es la actitud que debemos tener si procuramos entrar en el reino de Dios. Tenemos que entrar con la fe y la obediencia semejante a la de un niño, y debemos vivir cada día la vida cristiana con una actitud de humildad semejante a la de un niño. Como escribió Augustus Toplady en la segunda estrofa de su gran himno "Roca de la eternidad":

Aunque sea siempre fiel
Aunque llore sin cesar
Del pecado no podré
Justificación lograr
Solo en ti, teniendo fe
Deuda tal podré pagar.

4

LA NATURALEZA DESINTERESADA DEL AMOR

J. C. Ryle, el obispo evangélico anglicano del siglo diecinueve, escribió lo siguiente acerca del amor en el año 1878:

> La caridad [amor] es correctamente llamada "la reina de las gracias cristianas". "El fin del mandamiento", dice san Pablo, "es el amor" (1 Ti. 1:5). Es una gracia que todos profesan admirar. Parece ser una cosa práctica y normal que todo el mundo puede entender. No es ninguno de "esos puntos doctrinales conflictivos acerca de los que los cristianos están en desacuerdo. Sospecho que hay miles que no se avergonzarían de decirle que no saben nada de la justificación o de la regeneración, acerca de la obra de Cristo o del Espíritu Santo. Pero nadie, creo, diría que no sabe nada acerca del "amor". Si los hombres no poseen nada más en la religión, siempre se alaban de que poseen "amor". (*Practical Religion* [Religión práctica] 1878; [Grand Rapids, Mich.: Baker Books, 1977], 165)

Desdichadamente, no ha habido mucho cambio en más de cien años. El concepto de amor todavía es mal entendido, distorsionado y erróneamente definido por la persona promedio, gracias principalmente a los medios de comunicación y a una cultura popular dominada por el entretenimiento. El amor es definido en términos subjetivos y sensuales en un sin número de canciones populares de las varias generaciones pasadas. Es vulgarizado constantemente en la avalancha de comerciales y de anuncios que nos confrontan mediante la televisión, la radio, los periódicos, las revistas y ahora por la Internet. Y muchos cristianos están confundidos por el énfasis contemporáneo con respecto a "amor y tolerancia" que promueve un desdibujado distintivo doctrinal ecuménico (vea entre evangélicos y católicos), todo en el nombre de "ministerio cooperativo" para promover ciertas agendas sociales, familiares y morales que supuestamente mejorarán la cultura.

EL AMOR DEFINIDO BÍBLICAMENTE

Como ocurre con cualquier perspectiva errónea, pecaminosa o desordenada acerca de un tema espiritual, la Biblia es la mejor fuente para aclarar nuestro pensamiento tocante al amor. La Palabra de Dios contiene numerosas referencias al amor, pero Efesios 5.1-2 nos proporciona una excelente avenida para adentrarnos en el tema y una estupenda definición:

> *"Sed, pues, imitadores de Dios como hijos amados. Y andad en amor, como también Cristo nos amó, y se entregó a sí mismo por nosotros, ofrenda y sacrificio a Dios en olor fragante".*

Si quiere imitar a Dios y ser conocido como su hijo, ande en amor porque Dios mismo es amor (1 Jn. 4:8; vea Jn. 3:16). El vocablo griego traducido "imitadores" (*mimeitai*) es la raíz de nuestro término castellano *mímica*, alguien que copia las características específicas de otro individuo. Como creyentes, debemos imitar las características de Dios, lo que ciertamente incluye su amor. Su propósito en la salvación ha sido redimirnos del pecado y conformarnos "a la imagen de su Hijo" (Ro. 8:29). Pedro nos manda: "como hijos obedientes, no os conforméis a los deseos que antes teníais estando en vuestra ignorancia; sino, como aquel que os llamó es santo, sed también vosotros santos en toda vuestra manera de vivir; porque escrito está: Sed santos, porque yo soy santo" (1 P. 1:14-16, vea Lv. 11:44).

Solo podemos imitar a Dios en la medida en que permitamos a Cristo vivir su vida perfecta a través de nosotros y depender completamente de su Espíritu que habita en nosotros (Ro. 5:5; Ef. 3:16, 19). Entonces seremos capaces de que "todas [nuestras] cosas sean hechas en amor" (1 Co. 16:14).

Tal como los niños instintivamente imitan las acciones y comportamientos de sus padres, los hijos espirituales deben querer imitar a Dios porque Él les ha dado el derecho de ser sus hijos (Jn. 1:12; Gá. 3:26). Para todos nosotros que somos creyentes, ese era su plan desde la eternidad pasada. Dios "en amor habiéndonos predestinado para ser adoptados hijos suyos por medio de Jesucristo, según el puro afecto de su voluntad". Así que, como hijos de Dios es propio que nosotros seamos como Él es en todos los aspectos, es decir, santo, bondadoso, perdonador, humilde y amante.

La más elevada característica divina que podemos imitar es el amor por medio del sacrificio. Como dice Efesios 5:2, Jesús "se entregó a sí mismo por nosotros". Ese fue el cenit del amor *ágape*, no simplemente buenos sentimientos con respecto a otra persona, sino el darse uno mismo de manera incondicional por el bienestar de otro (vea Jn. 3:16). Cristo no se sacrificó por nosotros porque éramos merecedores de ello (Ro. 5:8, 10), sino por su amor soberano y compasivo, pagando la enorme deuda del pecado por todos los que creen.

La diferencia es evidente entre el amor incondicional de Dios y el amor condicional del ser humano. El amor condicional se manifiesta cuando las personas niegan su amor a cualquier persona que no llena sus expectativas. Eso ocurre con frecuenta entre esposo y esposa. Esa clase de amor tiene altibajos y algunas veces desaparece del matrimonio y puede resultar en separación o divorcio. Pero la pérdida del amor romántico no es una razón bíblica para disolver un matrimonio, porque Dios manda a los esposos a amar a sus esposas incondicionalmente, tal como Él nos ama (Ef. 5:25; Tit. 2:4). El amor romántico ciertamente mejora la relación matrimonial, pero el amor que a la postre mantiene unido a un matrimonio cristiano es la clase de amor que es de Dios, ese amor que continúa dando aún cuando no recibe nada.

Efesios 5:2 es la definición más clara y preciosa de la actitud del amor que podemos encontrar en la Palabra de Dios. El amor no es primordialmente una emoción que nos hace sentir cálidos y sentimentales. Es, en cambio, un acto de sacrificio. Nos damos cuenta de que cuando vemos que Dios nos ama, como lo evidencia el sacrificio que hizo su Hijo por nosotros. Una actitud de amor genuino dará magnánimamente, una y otra vez e irá la distancia imaginable más lejana, todo ello sin preocuparse de sí mismo.

LA PERVERSIÓN DEL AMOR POR EL MUNDO

Como dije al principio de este capítulo, el mundo mayoritariamente no sabe nada con respecto a la definición bíblica del amor. El apóstol Pablo destaca ese hecho mediante el contraste de la necesidad del creyente de copiar el amor de Dios (Ef. 5:1-2) y evitar las expresiones perversas de amor aportadas por el mundo: "Pero fornicación y toda inmundicia, o avaricia, ni aun se nombre entre vosotros, como conviene a santos" (5:3).

Satanás siempre falsifica las cosas buenas que Dios establece. En contraste con el amor incondicional y desinteresado de Dios, Satanás promueve un amor lascivo y desenfrenado. Los objetos del amor mundano solo son aquellos que de alguna manera son atractivos, agradables, satisfactorios y recíprocos. Semejante amor puede ser recíproco, pero da poco y espera obtener mucho en recompensa. Nuestro Señor no tuvo ninguna alabanza que pronunciar para esa clase de amor distorsionado: "Porque si amáis a los que os aman, ¿qué recompensa tendréis? ¿No hacen también lo mismo los publicanos?" (Mt. 5:46).

No es de sorprenderse que la clase de amor de Satanás inevitablemente conduzca a la inmoralidad y a la impureza. Hoy si alguien es soltero y "se enamora", con frecuencia lo lleva a la fornicación. Si alguien está casado y "se enamora" de otra persona diferente de su cónyuge, eso frecuentemente conduce a una relación adúltera. Si alguien "se enamora" de otra persona del mismo sexo, esa persona asume que es correcto mantener una relación homosexual.

El vocablo griego en Efesios 5:3 que abarca las diferentes formas de pecado sexual ("inmoralidad") es *porneia*, de donde obtenemos el término castellano *pornografía*. Es lo opuesto al vocablo griego *enkrateia*, que normalmente se refiere a la moderación sexual. Esa es la palabra que Lucas usa en Hechos 24:25 para describir la confrontación que Pablo hizo al gobernador Félix: "Al disertar Pablo acerca de la justicia, el dominio propio y del juicio venidero..." En resumen, el apóstol le dijo a Félix, que le había quitado la esposa, Drusila, a su anterior marido y, por lo tanto, vivía en adulterio que estaba pecando al rehusar controlar sus deseos sexuales, y estaba por consiguiente bajo el juicio de Dios.

La pérdida de la moderación sexual también conduce a la "impureza (*akatharsia*), un término más amplio que *porneia*. Jesús usó el vocablo *akatharsia* para describir la putrefacción en las tumbas (Mt. 23:27), pero los otros usos en el Nuevo Testamento se refieren a pasiones pecaminosas, ideas impuras, fantasías y todas otras formas de pecado sexual.

La inmoralidad y la impureza son expresiones de "ambición" sexual egoísta, y la ambición es en general contraria a la naturaleza desprendida del amor. Esa clase de ambición se disfraza a sí misma como algo atractivo y remunerador, pero en realidad es dañina y odiosa porque no procura desinteresadamente la pureza de los demás, como lo hace el amor. Debido a que la ambición sexual puede parecer tan buena y puede tener un atractivo tan poderoso, cónyuges se abandonan entre sí, las familias se abandonan o destruyen unos a otros y los amigos se odian el uno al otro.

Una ambición sexual desmedida con frecuencia no se detendrá hasta que haya conseguido cumplir sus deseos malignos. Debido a que esos poderosos impulsos existen dentro de las personas, el pecado sexual está totalmente fuera de control, acompañado de una completa insensibilidad hacia los sentimientos y del bienestar de otros, de una terrible violencia y salvajismo e incluso de asesinato. Tristemente, un fenómeno de la pasada generación que ha producido consecuencias barbáricas es el aborto legalizado.

Defensores y practicantes del aborto, y tantas mujeres que han pasado por este proceso, todos ellos son ejemplos de cuán sumida en el egoísmo se encuentra la cultura occidental y cuánto se ha alejado de la aplicación de las definiciones sexuales pecaminosas a las relaciones personales. La batalla del aborto no es sobre el simple derecho de matar a los no nacidos, solo los más descarados sadistas abogarían por tal cosa. La razón subyacente de por qué las personas quieren tener la opción del aborto es para mantener su "libertad sexual" y su conveniencia personal. Sus demandas de tales "derechos" son tan abrumadoras que sus soluciones para las indeseables consecuencias de las relaciones sexuales no es poner fin a la promiscuidad, sino matar al niño no nacido que resulta de esa relación. Las personas están tan obsesionadas con el poder tener relaciones sexuales sin sus implicaciones ni sus responsabilidades que están dispuestas a racionalizar el asesinato de los más indefensos e inocentes miembros de la sociedad. Como lo ha expresado de manera tajante un escritor contemporáneo: "El aborto es la disposición de matar por causa de la disposición de copular".

LA CORRUPCIÓN DE LA CULTURA POR EL AMOR FALSO

La cultura occidental posee tal obsesión y preocupación centradas en el placer sexual que ha corrompido el mismo centro de dicha cultura. Esa corrupción es un producto principal de la inmensa guerra cultural que está causando estragos hoy día. Los creyentes no siempre se percatan de la extensión, la naturaleza o la intensidad de ese conflicto, pero este se extiende a muchos siglos atrás a lo que Agustín llamó la batalla entre la ciudad de Dios y la ciudad del hombre Él vio una lucha continua entre el cristianismo bíblico y el sistema mundial satánico. Dentro del ámbito moral de nuestra cultura, el conflicto es casi exclusivamente tocante al sexo, es decir, promiscuidad heterosexual y homosexual, divorcio, aborto y feminismo. Todos ellos realizan un categórico asalto contra el amor genuino.

En la guerra cultural que se libra contra el reino de Dios, Satanás parece estar usando un plan de seis pasos para reunir las fuerzas de su reino mundanal. Podemos ver su plan desarrollarse más o menos en esta dirección:

(1) La meta final de Satanás es ganar almas para su causa.

(2) Una manera poderosa y eficaz por la que Satanás gana adeptos para su sistema es corromper la sociedad. Simplemente establece su propio sistema extraído de la máxima que una buena sociedad es aquella que facilita que las personas sean buenas, y que una mala sociedad es aquella que facilita que las personas sean malas. Satanás influye en la sociedad para el mal aprovechándose de las tendencias de las personas a conformarse con las opiniones, las ideologías y las tendencias establecidas por los noticieros, los anuncios y los medios de entretenimiento. Él lleva a cabo su obra mediante la manipulación de esas fuerzas de la comunicación culturalmente influyentes. Diariamente vemos ejemplos de cómo Satanás controla los medios de comunicación (la excesiva calidad mundana de la programación de las cadenas de televisión, la desproporcionada cantidad de prejuicio secular en los noticieros, las películas de sexo y violencia, una saturación de comerciales materialistas y hedonistas; y mucho más. La proporción del éxito de Satanás puede medirse mediante el criterio de lo fácil que es ser malo en una sociedad que va de mal en peor.

(3) Otro medio poderoso que Satanás usa para corromper la sociedad es su destrucción de la familia que es uno de los pilares fundamentales donde el amor de sacrificio puede aprenderse diariamente.

(4) Puede arruinar la familia mediante la destrucción del matrimonio.

(5) Puede destruir el matrimonio mediante el debilitamiento de la fidelidad sexual, el pegamento que suelda esa relación.

(6) Finalmente, Satanás destruye la fidelidad sexual mediante la revolución sexual. Esa revolución arrancó en los años sesenta y exige que las personas sean libres para hacer lo que les plazca sexualmente. Como hemos visto, es el punto central

de la trágica redefinición y distorsión del ideal bíblico del amor. Es, además, la herramienta más estratégica de Satanás para emprender la guerra cultural contra la ciudad de Dios y contra todos los que confían en Él.

La revolución sexual quizá demostrará ser la revolución más destructiva de la historia, mucho peor que cualquier revolución política o militar que hayamos conocido. Mientras que la cultura occidental estaba preocupada con la guerra fría, preocupada por la Unión Soviética y sus naciones satélites detrás de la Cortina de Hierro, la carrera de las armas nucleares, la carrera espacial, la amenaza del espionaje extranjero y muchas otras amenazas externas, la revolución sexual poco a poco estaba erosionando y destruyendo el fundamento mismo de la sociedad. Es la fuerza cultural actual lo que nos ha llevado al estado presente de corrupción y relativismo moral.

La sociedad moderna es un cuadro de una cultura que ha redefinido completamente el significado del amor, se ha alejado de la abnegación personal y de la preocupación incondicional por el bienestar de otros y se ha acercado a la avaricia y a la preocupación pecaminosa por la libertad y la "satisfacción" sexual. Nada podría estar más lejos de una comprensión bíblica adecuada del amor. Sin embargo, la nueva definición pone al descubierto lo que Efesios 5:3-7 nos advierte. Pero queda la pregunta: ¿Cómo podrá la sociedad egoísta de hoy, saturada de sexo, ver un despliegue de amor genuino? La respuesta es profundamente ilustrada por nuestro Señor en Juan 13.

EL EJEMPLO DEL AMOR PRÁCTICO DE CRISTO

Juan 13 nos proporciona una penetrante perspectiva de la actitud del amor divinamente inspirado, algo que se necesita desesperadamente:

> *"Antes de la fiesta de la pascua, sabiendo Jesús que su hora había llegado para que pasase de este mundo al Padre, como había amado a los suyos que estaban en el mundo, los amó hasta el fin. Y cuando cenaban, como el diablo ya había puesto en el corazón de Judas Iscariote, hijo de Simón, que le entregase, sabiendo Jesús que el*

Padre le había dado todas las cosas en las manos, y que había salido de Dios, y a Dios iba, se levantó de la cena, y se quitó su manto, y tomando una toalla, se la ciñó. Luego puso agua en un lebrillo, y comenzó a lavar los pies de los discípulos, y a enjugarlos con la toalla con que estaba ceñido. Entonces vino a Simón Pedro; y Pedro le dijo: Señor, ¿tú me lavas los pies? Respondió Jesús y le dijo: Lo que yo hago, tú no lo comprendes ahora; mas lo entenderás después. Pedro le dijo: No me lavarás los pies jamás. Jesús le respondió: Si no te lavare, no tendrás parte conmigo. Le dijo Simón Pedro: Señor, no sólo mis pies, sino también las manos y la cabeza. Jesús le dijo: El que está lavado, no necesita sino lavarse los pies, pues está todo limpio; y vosotros limpios estáis, aunque no todos. Porque sabía quién le iba a entregar; por eso dijo: No estáis limpios todos".

(13:1-17)

Así que, después que les hubo lavado los pies, tomó su manto, volvió a la mesa, y les dijo: ¿Sabéis lo que os he hecho? Vosotros me llamáis Maestro, y Señor; y decís bien, porque lo soy. Pues si yo, el Señor y el Maestro, he lavado vuestros pies, vosotros también debéis lavaros los pies los unos a los otros. Porque ejemplo os he dado, para que como yo os he hecho, vosotros también hagáis. De cierto, de cierto os digo: El siervo no es mayor que su señor, ni el enviado es mayor que el que le envió. Si sabéis estas cosas, bienaventurados seréis si las hiciereis (Jn. 13:12-17).

Ese episodio ocurrió, por supuesto, en el Aposento Alto, durante la fatídica noche ante de la crucifixión de Jesús y cuando Judas Iscariote traicioneramente lo entregó a los dirigentes religiosos judíos y a las autoridades romanas. Mientras tanto, los otros discípulos estaban metidos en un debate egoísta con respecto a cual de ellos sería el mayor en el reino de Dios. Ninguno de ellos parecía tener la más mínima sensibilidad ni la consideración hacia lo que el Señor estaba a punto de sufrir, aún cuando poco antes Él les había dicho que pronto iba a morir y que no estaría con ellos mucho más tiempo. Todos esos factores negativos habrían hecho a los discípulos menos amables según los criterios humanos normales, pero el versículo 1 dice que el Hijo de Dios "amó a los suyos que estaban en el mundo [y] los amó hasta el fin". El amor de Cristo hacia los suyos era [y es] incondicional. El amó a os discípulos hasta lo sumo, incluso cuando exhibieron la más terrible indiferencia hacia Él.

El versículo 3 comienza a desplegar la verdadera demostración del amor de Jesús. Sabía que Dios el Padre soberanamente había entregado todas las cosas en sus manos, que había sido enviado a la tierra por el Padre, y que regresaría a Dios en el tiempo determinado. No hay duda de que Jesús agonizó (en el Huerto de Getsemaní) con respecto a la cercana realidad de su muerte expiatoria en la cruz, pero Él no tenía temor alguno con respecto a los resultados de los acontecimientos (vea Jn. 17).

Con la perfecta seguridad de que todos los sucesos que le rodeaban estaban bajo el control de Dios, Jesús dirigió su atención amorosa hacia los discípulos (v. 4). Se despojó de su manto y se quedó solo con su ropa interior, probablemente dejó sus piernas y su torso al descubierto. Entonces tomó una toalla y se dio a la tarea de lavar los pies de los discípulos.

En el Antiguo Oriente Medio era apropiado, tanto por costumbre como por necesidad, lavar los pies antes de comer. En aquellos tiempos las personas usaban sandalias sin calcetines al andar sobre los polvorientos caminos y los senderos sin pavimento. Era apropiado que el anfitrión de un banquete o uno de sus siervos lavaran los pies sucios de los invitados. Puesto que se acostumbraba tener cenas prolongadas con los asistentes reclinados junto a los pies de los otros, tener los pies limpios mejoraba grandemente la comodidad total de los invitados.

La tarea de lavar los pies normalmente correspondía a los esclavos que pertenecían al nivel más bajo en la escala social. De modo que no era un trabajo agradable. Evidentemente la habitación en Jerusalén que Jesús y sus discípulos habían conseguido para celebrar la Pascua no tenía un esclavo disponible, y ninguno de los discípulos se ofreció como voluntario para lavar los pies de los otros. Al parecer, ninguno quería humillarse a sí mismo de tal manera que quedara descalificado para ocupar la posición más alta en el reino, puesto que el debate tocante al reino aún estaba fresco en la mente de cada uno de ellos.

Cristo, por lo tanto, humildemente tomó la iniciativa y comenzó a hacer lo que ninguno de los que estaban en la habitación estaba dispuesto a hacer. Cuando fue a Pedro con la toalla y el lebrillo con agua, debió haber habido un silencio mientras los hombres contemplaban al Rey de gloria realizar una de las tareas más serviles y desagradables. Pero Pedro, en su frecuente papel de vocero del grupo, pronto rompió el silencio.

Simón Pedro le pregunto a Jesús: "Señor, ¿tu me lavas los pies?" (v. 6) como si le dijera: "Señor, no debes hacer semejante cosa". La respuesta de Jesús "Lo que yo hago, tú no lo comprendes ahora; mas lo entenderás después" (v. 7) indicaba que Pedro y los otros todavía no entendían la magnitud de la condescendencia del Señor en beneficio de ellos (vea Fil. 2:5-8).

Pero Pedro, en su típicamente osada manera de actuar, persistía en decirle al Señor que no era nada correcto que Él le lavara los pies. Eso motivó al Señor a poner las cosas en su sitio tocante al significado espiritual de lo que iba a hacer: "Si no te lavare, no tendrás parte conmigo" (v. 8). Lo que Cristo quiso decir es fundamental: Pedro y cualquier otro que quiera tener una relación salvadora con Dios necesita tener un corazón lavado y limpiado por Cristo.

De alguna manera lo que Pedro y sus condiscípulos habían aprendido antes a través de Jesús simplemente no encajaba en la mente de cada uno de ellos. Sabían que Él era "El Cristo, el Hijo del Dios viviente" (Mt. 16:16) que había venido a "buscar y a salvar lo que se había perdido" (Lc. 19:10). Habían presenciado su poder en varios milagros y lo habían oído enseñar que tenía que morir (Jn. 12:24-25, 32-33). Pero todavía tenían dificultad para aceptar todas las verdades, especialmente lo de la ejecución del Señor en la cruz y comprender todas las implicaciones.

Pedro perseveró en la búsqueda de entender lo que Jesús estaba diciendo. Dio un cambio radical e insistió en que Cristo lavara "no solo mis pies, sino también las manos y la cabeza" (v. 9). Definitivamente quería una relación con Cristo, pero no tenía claro aún exactamente lo que necesitaba del Señor en aquel momento. Jesús, por lo tanto, iluminó más ampliamente la importancia espiritual de su acción: "Jesús le dijo: El que está lavado, no necesita sino lavarse los pies, pues está todo limpio; y vosotros limpios estáis, aunque no todos" (v. 10).

Esencialmente Jesús estaba diciendo que hubo un tiempo cuando todos los que somos creyentes experimentamos el lavamiento de la regeneración. Eso fue cuando fuimos lavados espiritualmente de cabeza a pies y nuestros pecados fueron completamente limpiados. Pero mientras caminamos por el mundo y nos contaminamos con el polvo y el sucio de una sociedad pecaminosa, necesitamos la confesión diaria, el arrepentimiento y la limpieza que mantiene nuestros pies limpios y nos permite tener comunión con Cristo y fielmente realizar su voluntad.

Las palabras de Jesús también aseguraron a Pedro que verdaderamente había sido salvo y limpiado de sus pecados. No necesitaba otro baño, sino solo la constante limpieza espiritual del lavamiento de los pies que mantenía su andar con el Señor.

Entonces Jesús terminó la tarea de lavar los pies de los otros discípulos y en ese momento resumió el significado total de sus acciones (vv. 12-16). Esa era una profunda lección objetiva con respecto a cómo funciona el amor. Les había amado hasta el fin, hasta lo sumo, que significa que humildemente puso de manifiesto el sacrificio desinteresado y llenó sus necesidades al nivel más bajo, hasta la mayor humillación. Ese desinterés muy pronto iría más allá de lavar los pies a su acto supremo de amor, es decir, su muerte en la cruz, cuando Él llevaría sus pecados y los nuestros, incluyendo todos aquellos pecados de indiferencia y orgullo que con frecuencia nos hace tan poco amables. Obviamente, la actitud de amor de Jesús, tan claramente demostrada en sus acciones, puede vencer aún la mayor resistencia que los pecadores pueden acumular en su contra.

LA APLICACIÓN DEL AMOR GENUINO

Aunque Jesús define el lavar los pies como un ejemplo de amor que los discípulos deben seguir (Jn. 13:15), quizás explica con la mayor claridad la aplicación del amor en Juan 13:34-35: "Un mandamiento nuevo os doy: Que os améis unos a otros; como yo os he amado, que también os améis unos a otros. En esto conocerán todos que sois mis discípulos, si tuviereis amor los unos con los otros".

Sencillamente debemos seguir el modelo de Jesús y amar a otros, demostrándolo al suplir sus necesidades con sacrificio. Y debemos hacer eso aparte de simples impulsos emocionales y sentimientos altruistas, sin tomar en cuenta el atractivo humano que el recipiente de nuestro amor pudiera poseer (o la falta de este).

Sobre todo, seguir el modelo del amor genuino de Jesús requiere un verdadero desinterés que va contra la corriente de todo lo que la cultura moderna considera importante. Como podrá discernir de nuestra previa consideración de la presente guerra cultural, la cultura occidental está absorta en sí misma, probablemente más que en cualquier otro período de la historia. Las personas están totalmente centradas en sus propias necesidades y deseos, siempre hablando acerca del amor, pero sin entender nada de su verdadero significado. Definen el amor primordialmente en función sexual y contemplando como constantemente recibiendo, pero casi nunca dando. De modo que el desafío por los creyentes es: ¿Cómo puede brillar el verdadero amor en medio de una cultura tan llena de tinieblas?

Nuestro Señor contesta esa pregunta en Juan 13:35: "En esto conocerán todos que sois mis discípulos, si tuviereis amor los unos con los otros". Si el Cuerpo de Cristo ha de conformarse a la imagen de Cristo, y lo está (vea Ef. 3:16-21), entonces sus miembros tienen que demostrar el amor que Él les ha manifestado y sacrificarse a sí mismos unos por otros. Eso podría significar todo desde lavar los pies, manifestado en actos prácticos de servicio, hasta dar nuestra vida. Dar la vida no significa necesariamente tener que morir por alguien. Pero podría implicar dedicar el resto de una vida cuidando del cónyuge incapacitado o de otro familiar cercano.

Una de las cartas memorables y alentadoras que he recibido como pastor vino de una joven que estudiaba en la Universidad del Sur de California y enseñaba una clase de escuela dominical en Grace

Community Church. He aquí como describió el cambio profundo de su corazón hacia las jovencitas que enseñaba:

> Tenía una clase de niñas del departamento de primarios. Insistía en decirme que las amaba, amaba el rizo de sus cabellos y sus sonrisas y amaba sus lindos vestidos. Simplemente amaba el hecho de que eran niñas pequeñas muy dulces. Entonces, un día, llegué a comprender que estaba invirtiendo como diez minutos en preparar la lección y comprendí que en verdad no las amaba porque no hacía ningún sacrificio para llevarles el más grande regalo que podía entregarles, que era la verdad de la Palabra de Dios. Me puse de rodillas delante de Dios y le confesé mi actitud poco afectuosa. Tenía sentimientos emocionales hacia aquellas jovencitas. Pero no las amaba. Amor significa prepararme diligentemente para darles lo mejor, incluso si eso significaba no asistir a un partido de fútbol, o a cualquier otra actividad universitaria.

Esa es una ilustración excelente de cómo un estudiante universitario, con la ayuda de Dios, llegó a comprender el significado bíblico del amor y eso ejemplifica la clase de acercamiento que todos los cristianos deben tomar si quieren que la vida de cada uno de ellos manifieste una actitud de amor sincera y piadosa.

5

LA UNIDAD: PERSEVERANCIA EN LA VERDAD

Nada es más demoledor o devastador para una familia que la discordia interna. Toda clase de pecados puede causarla: El orgullo, el egoísmo, la ira, la amargura, la envidia, la codicia y cosas semejantes. Y si esos pecados pueden arruinar familias, matrimonios, relaciones de negocios o amistades, sin duda alguna también pueden socavar o destruir la unidad de la iglesia. Como pastor y como dirigente de una iglesia, no hay nada más aterrador que contemplar cómo los pecados antes mencionados intensificados por un espíritu competitivo y conflictos de personalidad causan discordia y desunión entre los cristianos.

Si los creyentes fuéramos diligentes en la búsqueda congruente de los pilares del carácter bíblico: La fe, la obediencia, la humildad y el amor, la devoción por la unidad sería automática. Pero en el mundo real donde la iglesia funciona, la unidad es muy frágil y siempre susceptible a trastornarse. Como vimos respecto de la actitud del amor, el bien que Dios establece siempre será el blanco de los ataques destructivos de Satanás.

Satanás usa la pecaminosidad de los creyentes para promover la desunión dentro de la iglesia. Cuando dos o más personas insisten en hacer las cosas a su manera, las prioridades individuales a la postre entrarán en conflicto, y resultarán en discusiones. La unidad de la iglesia no puede existir en manera alguna si las metas propósitos e ideales de sus miembros son impulsados por motivos personales.

Tal desunión contenciosa entre los cristianos puede causar toda clase de daños. Dios es ofendido y deshonrado, la iglesia es desacreditada y desmoralizada y el mundo es desilusionado y afirmado en su incredulidad. Esos resultados negativos no son dignos del precio que la iglesia tiene que pagar para que unos pocos creyentes arrogantes puedan satisfacer su ego. Es imperativo preservar la unidad.

LAS INSTRUCCIONES DE PABLO CON RESPECTO A LA UNIDAD

El apóstol Pablo tenía mucha experiencia de primera mano con el problema de la desunión en la iglesia. La mayor parte de los tres primeros capítulos de 1 Corintios trata del fraccionalismo y la discordia dentro de la iglesia en Corinto. Pablo sabía el daño que podía causar tal disputa interna (1 Co. 3:1-4) y, por lo tanto, es lógico que él exhortara a los creyentes en Éfeso y en todo lugar a mantener la unidad: "solícitos en guardar la unidad del Espíritu en el vínculo de la paz, un cuerpo, y un Espíritu, como fuisteis también llamados en una misma esperanza de vuestra vocación; un Señor, una fe, un bautismo, un Dios y Padre de todos, el cual es sobre todos, y por todos, y en todos" (Ef. 4:3-6).

Mantener la verdadera unidad espiritual debe ser la preocupación constante de todo creyente. El vocablo griego traducido "solícitos" (v. 3) básicamente significa "darse prisa", y en este contexto denota tener un celo diligente y santo. Ese esfuerzo por mantener la unidad, por lo tanto, es algo que no debe darse por sentado o procurado de manera casual o periódica.

La unidad de la que Pablo habla no es de manufactura humana ni creada por una iglesia. Tampoco es la obra de ciertas denominaciones o movimientos ecuménicos. Él se refiere a la unidad interna que vincula a los verdaderos creyentes a medida que esta obra en sus vidas. Es la unidad generada por el Espíritu Santo y es expresada así en otro sitio por el apóstol: "Porque por un solo Espíritu fuimos todos bautizados en un cuerpo, sean judíos o griegos, sean esclavos o libres; y a todos se nos dio a beber de un mismo Espíritu… Pero ahora son muchos los miembros, pero el cuerpo es uno solo" (1 Co. 12:13,20; vea Ro. 8:9). Y esa unidad es mantenida "en el vínculo de la paz", que es un cinturón espiritual que rodea y une a los creyentes (vea Fil.2:2; Col. 3:14).

En contraste, el mundo incrédulo no sabe nada de la verdadera unidad que el Espíritu de Dios puede dar (vea Is. 48:22). Estatutos humanos, tratados y acuerdos no pueden producir paz y unidad verdaderas. En tanto que el mundo enfatiza sentimientos egoístas, prestigio y derechos jamás se conseguirá la verdadera armonía.

Pablo enfatiza más ampliamente la definición de la unidad espiritual en Efesios 4:4-6 al enumerar las características más destacadas de la verdadera doctrina y práctica cristianas: "Un cuerpo, y un Espíritu, como fuisteis también llamados en una misma esperanza de vuestra vocación; un Señor, una fe, un bautismo un Dios y Padre de todos, el cual es sobre todos, y por todos, y en todos". Sin comprender y abrazar esos aspectos espirituales internos de la unidad, los creyentes nunca pueden experimentarla prácticamente. Esas cruciales características son puestas de manifiesto de la manera más simple en la perfecta unidad que la Trinidad promueve.

La unidad en el Espíritu Santo

La verdadera iglesia está compuesta de todo creyente que ha puesto su confianza en Jesucristo para su salvación. Es un conjunto de santos sin ninguna división sectaria, étnica o geográfica. Merece solo el nombre de "Cuerpo de Cristo" y no ninguna otra etiqueta que los hombres quieran colocarle.

Todo creyente es cohabitado por el solo y único Espíritu Santo de Dios quien mantiene unida a la iglesia. Cada uno es un templo individual del Espíritu (1 Co. 3:16-17), "en quien todo el edificio, bien coordinado, va creciendo para ser un templo santo en el Señor; en quien vosotros también sois juntamente edificados para morada de Dios en el Espíritu" (Ef. 2:21-22). El Espíritu Santo es una "garantía" divina (Ef. 1:14) quien asegura que cada cristiano estará presente en la cena de las bodas del cordero (Ap. 19:9).

Si es usted un creyente, también está unido con otros creyentes "en una misma esperanza de vuestra vocación" (Ef. 4:4). El Espíritu Santo lo llama para la salvación, pero también lo llama a la madurez, es decir, a la semejanza de Cristo (Ro. 8:29, Ef. 1:4), lo que incluye un compromiso a la unidad. Hay diferentes dones espirituales, varios ministerios y muchos lugares donde podemos servir a Dios, pero hay un solo llamamiento.

La unidad en Cristo y su doctrina

Está claro que tenemos solo "un Señor" (Ef. 4:5), nuestro Salvador Jesucristo. El apóstol Pedro también enfatiza esto en uno de sus primeros sermones: "Y en ningún otro hay salvación; porque no hay otro nombre bajo el cielo, dado a los hombres, en que podamos ser salvos" (Hch. 4:12). Pablo no solamente reiteró esa verdad a los efesios (4:5), sino que también aseguró de esa verdad a la iglesia romana: "Porque no hay diferencia entre judío y griego, pues el mismo que es Señor de todos, es rico para con todos los que le invocan" (Ro. 10:12).

Debido a que hay solo un Señor y Salvador, hay también solo un cuerpo de doctrina revelada por Él en el Nuevo Testamento. Eso es a lo que Judas se refiere cuando, con el fin de prevenir la discordia y el trastorno dentro de la iglesia, los exhorta con estas palabras: "Amados, por la gran solicitud que tenía de escribiros acerca de nuestra común salvación, me ha sido necesario escribiros exhortándoos que contendáis ardientemente por la fe que ha sido una vez dada a los santos" (Jud. 3). Si, con la ayuda del Señor, estudiamos su Palabra fiel y cuidadosamente, sin las destructivas influencias del mundo ni la ciega tradición o prejuicios personales, impediremos la fragmentación del cuerpo de doctrina en ideas polémicas y contradictorias que inevitablemente conducen a la discordia en la iglesia. La Biblia contiene muchas verdades individuales, pero son aspectos armoniosos de la verdad única de Cristo, que es la expresión de nuestra "una fe" (Ef. 4:5).

Cuando entendemos que estamos unidos por "un Señor" en "una fe", daremos testimonio de esa unidad por medio de "un bautismo". Sin duda alguna hay un solo bautismo espiritual, sugerido en Efesios 4:4, por el cual todos los creyentes somos unidos al Cuerpo de Cristo. Pero hay también un bautismo en agua (Ef. 4:5), esa era la manera común en el Nuevo Testamento de confesar públicamente su fe en Jesucristo y su solidaridad con Él. Los creyentes no debemos ser bautizados en el nombre de una iglesia local ni de un anciano influyente o de algún famoso evangelista ni siquiera en el nombre de un gran apóstol, sino solo en el nombre de Cristo (1 Co. 1:13-17).

La unidad en Dios el Padre

La doctrina monoteísta fundamental del judaísmo es "Jehová nuestro Dios, Jehová uno es" (Dt. 6:4), y esa unidad también es básica para el cristianismo, como se expresa en 1 Corintios 8:4-6 y Santiago 2:19. La amplia declaración de Pablo en Efesios 4:6 "un Dios y Padre de todos, el cual es sobre todos, y por todos, y en todo" se refiere a la unidad magnífica y eterna que Dios da a los cristianos por su Espíritu a través del Hijo. El apóstol en Efesios 4 declara una verdad que se refiere a la función singular de cada miembro de la Trinidad y, además, subraya su unidad dentro de la deidad y el hecho de que esa unidad de manera soberana, amorosa y poderosa mantiene unida la iglesia como un solo pueblo.

La unidad en la pureza de la verdad

La implicación de todo lo que Pablo dice en Efesios 4:3-6, además de la verdad esencial de que la iglesia debe mantener su unidad, es que los creyentes debemos unirnos alrededor de la verdad y nunca a costa de la pureza o claridad doctrinal. Debemos esforzarnos en pos de una unidad que esté basada en un entendimiento común de quien Dios es y cuál es su voluntad, derivado de un entendimiento común de las Escrituras.

Hay, sin embargo, dos amplias tendencias dentro de la corriente media de la iglesia evangélica hoy día que socavan el concepto de la unidad basada en la pureza. Una es un ecumenismo que dice que todo aquel que *dice* seguir a Cristo es parte del cuerpo, sin importar cuánto algunos de ellos ignoren la sana doctrina y sostengan ciertos errores y herejías. Tal razonamiento dice que necesitamos superar las diferencias doctrinales "intrascendentes" y solo disfrutar el uno del otro y trabajar juntos en toda oportunidad. Pero si la base de esa unidad no es una fe salvadora, genuina en el Señor Jesucristo, dicha unidad es ficticia porque no se basa sobre la verdad.

La otra tendencia dañina es pasar por alto comportamientos y actitudes pecaminosas y abrazar a cada uno de los que se cobijan bajo la sombra de la iglesia, sin tomar en cuenta cuán desobediente es a la Palabra de Dios. Pero el apóstol Pablo, en varias ocasiones, enseñó que la unidad cristiana no acoge a tales personas. Tito 3:9-11 dice: "Pero evita las cuestiones necias, y genealogías, y contenciones, y discusiones acerca de la ley; porque son vanas y sin provecho. Al hombre que cause divisiones, después de una y otra amonestación deséchalo, sabiendo que el tal se ha pervertido, y peca y está condenado por su propio juicio". Un hereje que no se arrepiente, renuncia a cualquier derecho a ser aceptado dentro de la unidad de la comunión de la iglesia. Además, Pablo dijo a los tesalonicenses: "Pero os ordenamos, hermanos, en el nombre de nuestro Señor Jesucristo, que os apartéis de todo hermano que ande desordenadamente, y no según la enseñanza que recibisteis de nosotros" (2 Ts. 3:6). La "enseñanza" mencionada aquí no se refiere a normas rabínicas o reglas establecidas por los hombres, sino al conjunto de verdades de la fe y la práctica reveladas a Pablo por el Espíritu de Dios.

La cuestión aquí es que la verdadera unidad del Espíritu pertenece solo a los que afirman la verdad de Dios y viven una vida piadosa como resultado de ello. Si hay personas en nuestras iglesias locales que persisten en enseñar error o que rehúsan arrepentirse de su estilo de vida pecaminoso, los que caminamos con el Señor no podemos tener comunión con ellas.

LA PREOCUPACIÓN DE CRISTO POR LA UNIDAD

A pesar de lo que la Biblia enseña con respecto a la base genuina de la pureza doctrinal y moral, muchos en la iglesia contemporánea todavía no entienden la definición bíblica de la unidad. Con presteza señalan a Juan 17:21 "para que todos sean uno; como tú, oh Padre, en mí, y yo en ti, que también ellos sean uno en nosotros; para que el mundo crea que tú me enviaste", como si quisieran decir que "Jesús estaba preocupado de que los cristianos estuvieran unidos a cualquier precio". Sin embargo, esa es una interpretación errónea del versículo.

Juan 17:21 es parte de la oración sumo sacerdotal de nuestro Señor, que abarca todo el capítulo 17. Cuando Jesús ora "para que todos sean uno", no está pidiendo que todo el que se convierte al cristianismo se lleve bien con todos los que profesan una fe semejante. No es como si simplemente estuviera deseando alguna clase de unidad en la iglesia, la cual pide al Padre que realice, solo para sufrir la decepción de que a través de los siglos su oración no ha sido contestada. Por el contrario, ¡Si Cristo oró por la unidad, podemos estar seguros de que se cumplió! La oración de Jesús no tiene que ver con cómo debemos llevarnos bien externamente, sino con el hecho de que en la iglesia seremos uno internamente.

Marcus Rainsford, un pastor inglés quien ayudó con la promoción de varias campañas de evangelización de los americanos D. L. Moody e Ira Sankey a finales de los 1800, proporciona esta comprensión adicional del propósito de la gran oración de Jesús:

> Necesitamos recordar que la oración de nuestro Señor no es el origen de la unión de la que Él habla, ni la causa de la misma, sino que es el punto y el resultado de esta. No ora para que se establezca una unión entre Él y su pueblo que hasta entonces no ha existido, sino para que esa unión que siempre estuvo en la mente, el propósito y el corazón de Dios y sobre la base por la cual Cristo vino para ser el Salvador, y el Espíritu Santo para ser el Consolador *deba ser disfrutada* y manifestada por su pueblo creyente. Él, por sus palabras, derramaría luz celestial alrededor de ellos, y dentro de ellos, para que caminen en la luz como Él está en luz, y como el amado apóstol enseña en su primera epístola, para que podamos tener "comunión… con el Padre, y con su Hijo Jesucristo" (1 Jn. 1:3). (*Our Lord Prays for His Own* [Nuestro Señor ora por los suyos] [1895; Chicago: Moody Press, 1950, 1978]. 386-387)

La oración de Jesús por la unidad de los creyentes, reiterada en

Juan 17:23, es por lo tanto, por todos aquellos que vienen a Él para recibir la misma vida eterna, para llegar a ser participantes de la naturaleza divina y para tener la cohabitación del Espíritu de Dios. Cualquier persona que viene a Cristo se hace uno con Él. Y porque comparte su vida, comparte la misma vida espiritual con los demás creyentes. Esa realidad es manifestada con claridad por el apóstol Pablo: "Pero todas estas cosas las hace uno y el mismo Espíritu, repartiendo a cada uno en particular como él quiere. Porque así como el cuerpo es uno, y tiene muchos miembros, pero todos los miembros del cuerpo, siendo muchos, son un solo cuerpo, así también Cristo. Porque por un solo Espíritu fuimos todos bautizados en un cuerpo, sean judíos o griegos, sean esclavos o libres; y a todos se nos dio a beber de un mismo Espíritu... Pero ahora son muchos los miembros, pero el cuerpo es uno solo" (1 Co. 12:11-13, 20).

LA MANIFESTACIÓN PRÁCTICA DE LA UNIDAD

La oración de Jesús en Juan 17 ha sido contestada en la medida en que todos los verdaderos creyentes son uno en Él. Y esa unidad orgánica espiritual, nuestra "fe igualmente preciosa" (2 P. 1:1), se convierte en la base de nuestra comunión práctica. De modo que para la iglesia, la unidad genuina, dada por Dios ya está presente. No es una unidad que quienes componemos la iglesia necesitamos invertir una gran cantidad de tiempo y energía tratando de producirla. Pero es una columna de la verdad y, como tal, debemos de mantenerla firme y conservarla con toda diligencia.

Si mantenemos debidamente la preciosa unidad que tenemos, el mundo verá las manifestaciones prácticas de esta. Y de esa manera los inconversos difícilmente podrían recibir un testimonio más creíble de la verdad del evangelio. Las instrucciones de Pablo a los corintios con respecto a cómo demostrar prácticamente la unidad son absolutamente claras: "Os ruego, pues, hermanos, por el nombre de nuestro Señor Jesucristo, que habléis todos una misma cosa, y que no haya entre vosotros divisiones, sino que estéis perfectamente unidos en una misma mente y en un mismo parecer" (1 Co. 1.10).

Unidad doctrinal

Las declaración de Pablo en 1 Corintios, en contraste con lo que vimos en Efesios 4:3-6 y su énfasis en la unidad mística del Cuerpo universal de Cristo, hace hincapié en la unidad de la iglesia local, la que hoy aparece vagamente como un criterio de parecer imposible para muchas iglesias. Pero Dios, a través de su Espíritu, nos da el poder de cumplir mandamientos que son humanamente imposibles. Por ejemplo, el mandamiento de Cristo a todos los creyentes: "Sed, pues, vosotros perfectos, como vuestro Padre que está en los cielos es perfecto" (Mt. 5:48). Ese elevado nivel de madurez y santificación es alcanzable, y también lo es la meta de que los miembros de una iglesia local estén de acuerdo con las cosas de Dios.

El mandato del apóstol en 1 Corintios 1:10 esta claramente expresado en la Reina Valera 1960: "...que habléis todos una misma cosa". Es potencialmente confuso y espiritualmente perjudicial para los inconversos inquisitivos así como para los nuevos creyentes oír a cristianos supuestamente maduros y conocedores enseñar cosas contradictorias respecto del evangelio, las Escrituras, o los principios de la vida cristiana. Es también dañino si cada uno expresa su propia opinión acerca de ciertas doctrinas. Eso podría resultar en el brote de facciones, cada una de las cuales expresa su propia opinión públicamente y critica a todos los demás.

Si una iglesia local desea tener un ministerio vibrante y eficaz, tiene que hablar con una sola voz en cuestiones doctrinales *esenciales*. Y sus instrucciones no deben ofrecerse como los platos de un menú del que los miembros seleccionan a su antojo e ignoran o critican lo que no les gusta. Desafortunadamente, demasiadas iglesias, universidades cristianas, seminario y ministerios evangélicos practican esa clase de selectividad doctrinal y ética. Pueden presentar una apariencia de unidad social y organizacional, pero cuando se trata de enseñar verdades doctrinales y bíblicas, flaquean y comunican señales confusas. Por supuesto, aferrarse a lo absoluto y ser dogmático con respecto a la teología o a la ética no es algo popular hoy día.

La mayoría de las personas, incluyendo más y más a cristianos profesantes, son contrarias a una postura tan definida. Una razón es que muchas de esas personas quieren evitar la aplicación específica y la obediencia que una solidaridad definida y una convicción doctrinal requieren.

Con la verdad de Dios, sencillamente no puede haber dos puntos de vista conflictivos. Se admite que no podemos ni debemos ser dogmáticos con respecto a lo que no está ni plena ni claramente revelado (Dt. 29:29). Pero Dios no está en desacuerdo consigo mismo, y partes de las Escrituras no están en desacuerdo con otras partes de la misma. Así que Pablo dice a los corintios, y a todos los cristianos, que tienen que tener unidad doctrinal, una unidad que está basada clara y completamente solo en la Palabra inspirada de Dios.

El llamado del apóstol a la armonía doctrinal, por lo tanto, tiene ciertos distintivos. Está basado sobre las Escrituras, que fueron dadas por y cumplidas en Jesucristo ("por el nombre de nuestro Señor Jesucristo). Y fueron completadas a través de las enseñanzas de los apóstoles. El llamado de Pablo es a un modelo que se aplica a todos los grupos de creyentes: "Así que, todos los que somos perfectos, esto mismo sintamos; y si otra cosa sentís, esto también os lo revelará Dios. Pero en aquello a que hemos llegado, sigamos una misma regla, sintamos una misma cosa". Su regla era la doctrina apostólica que personalmente enseñó y ejemplificó a las iglesias (vea el v. 17; 1 Co. 2:4).

Evitar divisiones

Pablo también exhorta a la iglesia en Corinto y a todas las demás a evitar las divisiones. De otro modo, nada de la unidad y la armonía que él deseaba ocurriría. El vocablo griego *schismata* que da origen al término castellano *cisma* es la palabra traducida "divisiones" en 1 Corintios 1:10 y que literalmente significa "romper o desgarrar". En su significado más amplio se refiere a un juicio dividido, una diferencia de opinión, o una disensión. El Evangelio de Juan usa dicho vocablo para describir las diferentes evaluaciones que en cierta ocasión la gente hizo de Jesús: "Hubo entonces disensión entre la gente a causa de él" (7:43).

De acuerdo con nuestra discusión de las implicaciones prácticas de la unidad, las divisiones más serias son aquellas que ocurren sobre doctrina y de ese modo destruyen la unidad de una iglesia en Cristo. En absoluto, no hay lugar en una iglesia para enseñanza y actividad que divida al pueblo sobre un asunto que es claramente enseñado en la Palabra. Las personas que se dedican a fomentar esa actividad divisoria realmente son personas egoístas y deben ser señaladas y evitadas, como Pablo advirtió a la iglesia en Roma: "Mas os ruego, hermanos, que os fijéis en los que causan divisiones y tropiezos en contra de la doctrina que vosotros habéis aprendido, y que os apartéis de ellos" (Ro. 16:17).

Una manera importante de cómo una iglesia puede prevenir grandes divisiones es la presencia de dirigentes piadosos que están bien enseñados en la Palabra, guiados por el Espíritu y unidos respecto de la voluntad de Dios para la iglesia. Esos hombres conocen y están de acuerdo en la sana doctrina y tendrán el discernimiento para reconocer cuando se está sembrando las semilla de la discordia y del error y tienen, además, la capacidad para detener esa actividad destructiva. Los dirigentes piadosos guiarán constantemente la iglesia en la unidad bíblica de la fe y la práctica (vea He. 13:7), y deben ser seguidos y apoyados (1 Ts. 5:12-13; He. 13:17).

La completa unidad

Pablo concluye 1 Corintios 1:10 con este mandato: "...sino que estéis perfectamente unidos en una misma mente y en un mismo parecer". La expresión "que estéis perfectamente unidos" se refiere a juntar algo para que vuelva a ser una sola pieza, es decir, reparar algo que está roto o separado. Los creyentes verdaderos que son parte de una iglesia deben estar "perfectamente unidos" tanto internamente ("en una misma mente") como externamente ("en un mismo parecer").

La presencia de esas actitudes excluye una forma de unidad reacia o falsa. La verdadera unidad no dirá una cosa públicamente mientras que privadamente alberga desacuerdos y objeciones. Esa clase de hipocresía podría no afectar el tamaño de la iglesia, pero disminuirá su eficacia. Cualquiera que toma esa postura y está en firme desacuerdo con la doctrina y la dirección de su iglesia local no experimentará mucho crecimiento espiritual personal y no será de gran servicio a su iglesia.

No estamos diciendo, sin embargo, que los creyentes deben ser fotocopias el uno del otro. Dios nos ha creado como individuos singulares con diferentes personalidades, intereses, capacidades y dones espirituales. Ninguna iglesia, incluyendo las más ortodoxas, verá a todos sus miembros estar de acuerdo con cada cuestión que sus líderes sugieren o implementan. No hay absoluta unanimidad en la congregación bajo mi guía pastoral. No hay total unanimidad con respecto a cada cosa pequeña que ocurre, pero eso no importa. La prioridad para cada uno es sacrificar afectuosamente sus opiniones personales en las cuestiones no esenciales o los temas menos importantes en aras de la unidad total. Como hemos dicho el elemento crucial para exhibir la unidad cristiana práctica para los que están a nuestro derredor es que seamos de la misma manera de pensar con respecto a la doctrina, estilo de vida y práctica eclesial.

La unidad espiritual expresada bíblicamente ha sido siempre la voluntad de Dios para su pueblo, y siempre será una bendición para ellos y potencialmente un testimonio eficaz para los que están fuera de la iglesia. La unidad genuina para los creyentes era la voluntad de Dios en el Antiguo Testamento: "¡Mirad cuán bueno y cuán delicioso es habitar los hermanos juntos en armonía!" (Sal. 133:1). Y hemos visto en varios pasajes del Nuevo Testamento la gran preocupación del Señor Jesús y del apóstol Pablo de que los creyentes se den cuenta y vivan la unidad que el Espíritu de Dios les ha concedido. La unidad entre los cristianos, una vez más, era la preocupación de Pablo en la conclusión de su enseñanza a los romanos con respecto a la libertad de conciencia: "Pero el Dios de la paciencia y de la consolación os dé entre vosotros un mismo sentir según Cristo Jesús, para que unánimes, a una voz, glorifiquéis al Dios y Padre de nuestro Señor Jesucristo. Por tanto, recibíos los unos a los otros, como también Cristo nos recibió, para gloria de Dios" (Ro. 15:5-7).

El pasaje contiene otra referencia al "sentir" [mente], lo cual es una confirmación adicional de que la verdad de la manifestación de nuestra unidad espiritual orgánica, la demostración del Espíritu de

Dios que habita en nuestra vida comienza con la mente. La fe cristiana es una fe cognitiva. Por lo tanto, no necesitamos mantener la unidad induciendo algún tipo de histeria emocional o de sentimentalismo en el que formamos una piña de una causa común y nos mezclamos hipnóticamente con un grupo. En cambio, Dios quiere que expresemos racionalmente nuestra unidad, centrados en un entendimiento común de su verdad revelada.

Los cristianos podemos invertir toda la vida tratando de unirnos a nosotros mismos, y todo sería inútil si no fijamos la vista en un criterio común. Como acostumbraba a ilustrarlo el pastor y escritor cristiano A. W. Tozer: "Si un persona tiene 4.000 pianos e intenta afinarlos unos con otros, fracasaría. Pero si el mismo individuo usa un diapasón, podría exitosamente afinar todos los pianos con el diapasón. Y el diapasón con el que todos los creyentes son afinados es la fe, la verdad del evangelio. Cuando todos estamos afinados según ese criterio, todos estaremos afinados unos con otros. Sin una comprensión de la verdad que esté informada por el Espíritu, acompañada de una búsqueda de la piedad que regular y continuamente trata con el pecado no nos daremos cuenta de la unidad cristiana como columna y carácter de nuestra comunión. Pero si nos unimos en la búsqueda de la verdad y la santidad (Ro. 15:6; 1 Co. 1:10; Fil. 1:27), nos ministraremos unos a otros en armonía, glorificaremos el Señor con una voz y enviaremos un testimonio uniforme y congruente a aquellos que no lo conocen.

6

EL CRECIMIENTO: NO HAY VIDA VERDADERA SIN ÉL

La vida por definición es un proceso de crecimiento. Todo lo que está vivo crece. Por ejemplo, las semillas se convierten en árboles, en algunos casos hasta llegar a la altura de decenas de metros. Aún cuando llegan a su plenitud, muestran un crecimiento regular a través de la producción de nuevas hojas, ramas y frutos.

El principio del crecimiento también se confirma en el ámbito espiritual. Una característica inherente y esencial para todos los que están el Cuerpo de Cristo es un crecimiento espiritual individual. El pastor John R. W. Stott denomina el crecimiento espiritual la responsabilidad del creyente:

> El gran privilegio del Hijo de Dios es la relación. Su gran responsabilidad es crecer. Todo el mundo ama a los niños, pero nadie que esté cuerdo desea que permanezcan en el departamento de cuna. La tragedia, sin embargo, es que muchos cristianos, nacidos de nuevo en Cristo, nunca crecen. Otros incluso sufren de regresión espiritual infantil. El propósito del Padre celestial, por otro lado, es que los "niños en Cristo" se conviertan en personas "maduras en Cristo". Nuestro nacimiento debe continuar con el crecimiento. La crisis de la justificación (nuestra aceptación delante de Dios) debe conducir al

> proceso de la santificación (nuestro crecimiento en santidad, lo que Pedro denomina "crecer para salvación" [1 P. 2:2]). (*Basic Christianity* [Cristianismo básico] [Downers Grove, Ill.: Intervasity Press, 1958, 136)

EL CRECIMIENTO ESPIRITUAL ES OBLIGATORIO

Es desalentador y decepcionante saber de creyentes que no se han desarrollado ni crecido en su fe. En primer lugar, una falta de crecimiento espiritual es innecesaria porque Dios ha provisto a cada cristiano, a través de su Palabra, de todos los recursos espirituales necesarios para el crecimiento. El crecimiento espiritual es esencial y posible. Además, es un mandato, no una opción, como lo demuestra la Palabra de Dios.

En 2 Pedro 3:18, el apóstol manda a todos los creyentes, diciendo: "Antes bien, creced en la gracia y el conocimiento de nuestro Señor y Salvador Jesucristo. A él sea gloria ahora y hasta el día de la eternidad. Amén". Debemos crecer en la esfera de la gracia de Dios y tanto en conocimiento bíblico como experiencia en la medida en que el Señor obra su voluntad a través de todos los desafíos de la vida, tanto los fáciles como los difíciles.

Sin embargo, no somos abandonados a nuestros recursos. El apóstol Pablo escribió estas palabras de estímulo. "Por tanto, nosotros todos, mirando a cara descubierta como en un espejo la gloria del Señor, somos transformados de gloria en gloria en la misma imagen, como por el Espíritu del Señor" (2 Co. 3:18). La Biblia es el espejo, y cuando abrimos la Palabra, la gloria de Dios se refleja y se manifiesta a nosotros a través de sus páginas. Cuando eso sucede, un verdadero crecimiento espiritual tiene lugar, y "somos transformados de gloria en gloria en la misma imagen, como por el Espíritu del Señor". Mientras miramos fielmente en su Palabra, Dios a través del Espíritu Santo nos hace crecer en niveles que van en aumento de madurez hacia la semejanza de Cristo.

Posteriormente, Pablo pidió que los corintios llegaran a ser "perfectos" [maduros] (2 Co. 13.9). Quería que progresaran hasta llegar al pináculo de la completa madurez espiritual. El apóstol deseaba fervientemente ese crecimiento para todos los creyentes. En Gálatas 4:19, escribió: "Hijitos míos, por quienes vuelvo a sufrir dolores de parto, hasta que Cristo sea formado en vosotros". En Efesios su deseo era que los creyentes crecieran "hasta que todos lleguemos a la unidad de la fe y del conocimiento del Hijo de Dios, a un varón perfecto, a la medida de la estatura de la plenitud de Cristo" (Ef. 4:13).

Cuando escribió a los filipenses, Pablo había sido creyente unos treinta años, y aún así sabía que tanto él como los demás creyentes eran llamados continuamente a la madurez espiritual: "Hermanos, yo mismo no pretendo haberlo ya alcanzado; pero una cosa hago: olvidando ciertamente lo que queda atrás, y extendiéndome a lo que está delante, prosigo a la meta, al premio del supremo llamamiento de Dios en Cristo Jesús" (Fil. 3:13-14). Y ese mandamiento vigente no tiene término medio, no hay espacio para la neutralidad, o sea, que estamos creciendo espiritualmente o estamos retrocediendo. El precio del retroceso inevitablemente es que tenemos que recuperar el terreno espiritual, terreno que una vez habíamos ganado pero que hemos perdido. Por lo tanto, lo ideal es que obedezcamos las palabras de Pablo a Timoteo: "Mas tú, oh hombre de Dios, huye de estas cosas, y sigue la justicia, la piedad, la fe, el amor, la paciencia, la mansedumbre" (1 Ti. 6:11).

NIVELES DE MADUREZ ESPIRITUAL

El mandato de que todos los creyentes crezcan espiritualmente está claro en las Escrituras, como lo demuestra 1 Juan 2:12-14: "Os escribo a vosotros, hijitos, porque vuestros pecados os han sido perdonados por su nombre. Os escribo a vosotros, padres, porque conocéis al que es desde el principio. Os escribo a vosotros, jóvenes, porque habéis vencido al maligno. Os escribo a vosotros, hijitos, porque habéis conocido al Padre. Os he escrito a vosotros, padres, porque habéis conocido al que es desde el principio. Os he escrito a vosotros, jóvenes, porque sois fuertes, y la palabra de Dios permanece en vosotros, y habéis vencido al maligno". El apóstol Juan claramente llama a todos aquellos cuyos pecados han sido perdonados "hijitos" (v. 12). Puesto que todos los verdaderos creyentes, porque se han arrepentido de sus pecados y han confiado en la obra de Cristo en la cruz, han recibido el perdón de sus pecados, es lógico concluir todos ellos pueden ser llamados por la expresión de intimidad "hijitos".

Este pasaje también revela tres etapas básicas del crecimiento espiritual. Primero están los "hijitos" [*neanískoi*] (v. 13), que son diferentes de los "hijitos" [*teknía*] del versículo 12. Juan se refiere a subcategorías de creyentes mediante el uso de un vocablo que significa "infantes espirituales", entonces menciona dos niveles más avanzados de desarrollo: "Jóvenes" y "padres".

Infantes espirituales

Como corroboraría cualquier padre, una realidad de los infantes y de los niños es su falta de discernimiento con respecto a lo que es bueno para ellos y lo que no lo es. Cuando los nietos pequeños visitan nuestro hogar, no piden zanahorias u otra merienda nutritiva, prefieren un chocolate. Los niños pequeños carecen del discernimiento con respecto a lo que es beneficioso para ellos. Cuando andan por sus casas, se llevan a la boca todo lo que encuentran o tratan de explorar cualquier área sin importarles el peligro. No poseen discernimiento alguno y aún no están lo suficientemente entrenados para reconocer los peligros de la vida.

Los niños espirituales, ya sean nuevos creyentes o cristianos inmaduros, también carecen de discernimiento. Efesios 4:13-14 nos llama a la madurez y al discernimiento: "hasta que todos lleguemos a la unidad de la fe y del conocimiento del Hijo de Dios, a un varón perfecto, a la medida de la estatura de la plenitud de Cristo; para que ya no seamos niños fluctuantes, llevados por doquiera de todo viento de doctrina, por estratagema de hombres que para engañar emplean con astucia las artimañas del error".

Cuando alguien que todavía está luchando con su infancia espiritual comienza a profundizar en su conocimiento de Jesucristo (v. 13), a la postre progresará de su nivel infantil de entendimiento a un nivel mayor de madurez. Y ¿cómo se define ese nivel infantil? Pablo dice que es cuando el individuo es "llevado por doquiera de todo viento de doctrina, por estratagema de hombres que para engañar emplean con astucia las artimañas del error" (v. 14). Eso resume el problema de la infancia espiritual, es decir, una falta de discernimiento y una vulnerabilidad al error doctrinal. Los falsos maestros encuentran fácil seducir a los bebés espirituales mediante la perversión de la verdad. Es esencial, por lo tanto, que los nuevos cristianos se integren en la vida de una iglesia fuerte donde sean alimentados de la Palabra y completamente protegidos de daño espiritual potencial.

De modo que la característica negativa dominante del niño espiritual es la falta de discernimiento. Pero 1 Juan 2:13 identifica una característica positiva: "Os escribo a vosotros, padres, porque conocéis al que es desde el principio. Os escribo a vosotros, jóvenes, porque habéis vencido al maligno. Os escribo a vosotros, hijitos, porque habéis conocido al Padre". La primera cosa que los padres generalmente escuchan, y esperan escuchar, de la boca de su infante es alguna palabra que suene aunque sea remotamente similar a "mamá" o "papá". A pesar de las muchas cosas que los niños pequeños todavía no saben ni entienden, sí saben reconocer a sus padres, a quienes apelan para el alimento, el calor, el amor y la protección.

Del mismo modo, el nuevo creyente sabe que el Señor es su fuente de gozo y bendición en su nueva vida. Pero reitero, a menos que esté protegido de influencias dañinas y destructivas, su gozo pronto desaparecerá. Regocijarse en un conocimiento básico del amor de Jesús es un maravilloso punto de partida para los hijos de Dios, pero todos ellos necesitan extenderse y proseguir a la meta para ser más como Cristo.

La juventud espiritual

En la medida en que los creyentes maduran más allá de la infancia espiritual, alcanzan un segundo nivel de madurez, lo que el apóstol Juan llama "jóvenes que han vencido al maligno" (1 Jn. 2:13). El vocablo griego traducido "habéis vencido" está en el tiempo perfecto, que significa que podemos alcanzar un punto en nuestro desarrollo espiritual donde ya hemos vencido al maligno, es decir, a Satanás. Esa victoria tendrá resultados continuos en nuestra vida.

Vencer a Satanás, sin embargo, no es lo mismo que despojarse del pecado. Satanás puede darnos un toque y, a través de su sistema centrado en el mundo, poner muchas tentaciones en nuestro camino, pero directamente no nos hace realizar obras malvadas. En cambio, el maligno está mucho más dedicado al desarrollo de ideologías engañosas, malignas y que van en contra de la Biblia. Él es mentiroso desde el principio (Jn. 8:44; vea Gn. 3:4) y está activo en el desarrollo de toda clase de mentiras, diferentes ideologías, filosofías, religiones y todo tipo de artimañas engañosas (vea 2 Co. 10:3-5; 11:14) para cegar a las personas inconversas y hacer ineficaces a los niños espirituales. Satanás no puede quitarles la salvación a los creyentes jóvenes, pero sí puede mantenerlos en la infancia espiritual e impedir que tengan un impacto positivo en el reino de Dios.

La única manera de vencer a Satanás es ser fuertes en el conocimiento de las Escrituras: "Os he escrito a vosotros, padres, porque habéis conocido al que es desde el principio. Os he escrito a vosotros, jóvenes, porque sois fuertes, y la palabra de Dios permanece en vosotros, y habéis vencido al maligno" (1 Jn. 2:14). Si usted alcanza ese nivel de madurez, todavía tendrá pecado y tentación en su vida, pero también conocerá la sana doctrina lo suficientemente bien para ser capaz de reconocer el error, resistir su seducción y pelear en su contra vigorosamente cuando se enfrente a usted y a otros.

En la medida en que los cristianos maduramos, somos capaces de comprender e interpretar correctamente la Palabra de Dios. Como resultado de ello, nuestra teología comienza a tomar forma mientras adquirimos discernimiento a través de formular las preguntas correctas. Con nuestro crecimiento en el conocimiento doctrinal viene el deseo de estudiar las Escrituras y la teología con cristianos de mayor conocimiento para poder ser más activos a la hora de refutar las sectas y todas las otras formas de error doctrinal.

Crecer hasta convertirnos en jóvenes y mujeres espiritualmente eficaces depende simplemente de conocer la verdad (2 P. 3:18). Aumentamos nuestra comprensión y obtenemos músculo espiritual a medida que estudiamos las Escrituras, tal como cuando vamos a un gimnasio. El ejercicio nos hará más fuertes y sentiremos que nos da grandes cantidades de fortaleza física y energía.

A medida que usted madura como un joven espiritual, poseerá un deseo vigoroso y apasionado por la verdad porque su teología se está centrando. Puede usar la Palabra para discernir los tiempos y los cambios en nuestra sociedad y de esa manera tratar las cuestiones importantes de la vida que nos rodean. Usted creerá, conocerá y entenderá lo que la Biblia enseña a las grandes verdades redentoras que dominan la Palabra de Dios. En ese sentido usted estará fundado en la roca firme y será fuerte.

Los padres espirituales

Tan emocionante como puede ser la vida cristiana durante el nivel anterior de crecimiento, ahí no es donde debe terminar nuestra madurez. Dos veces Juan identifica una tercera categoría de desarrollo en 1 Juan 2:13-14: "os escribo a vosotros padres… os he escrito a vosotros, padres". Hay una clara diferencia entre este último nivel de madurez y el anterior. Mientras que el joven espiritual está emocionado con respecto a reunir su conocimiento bíblico y doctrinal y aplicarlo vigorosamente a todos los temas, el padre espiritual (hombre o mujer) posee cierto sentido de descanso, tranquilidad y profundidad de carácter. La razón de tener esa paz es reiterada por Juan en los versículos 13 y 14: "Porque conocéis al que es desde el principio".

El apóstol dice que los creyentes más maduros comenzarán a tener un conocimiento más profundo de Dios. Esa no es ninguna clase de experiencia mística, sino una comprensión de las Escrituras que llega a ser más profunda y más rica en la medida en que progresa en el conocimiento de realidades y principios al conocimiento de Dios quien se ha revelado a sí mismo a través de las palabras de las Escrituras. Conocer al Padre más íntimamente implica cosas tales como experimentar la respuesta a oraciones de tal manera que no hay duda de que las oye y las contesta, y experimentan los sufrimientos y las pruebas de la vida en una medida que los lleva a comprender que Dios siempre está presente para sostener y consolar a sus hijos.

Los que han alcanzado el nivel de padres espirituales manifestarán las características que A. W. Tozer ha descrito:

> Un cristiano es espiritual [maduro] cuando ve todas las cosas desde la óptica de Dios. La capacidad de sopesar todas las cosas en la báscula divina y darles el mismo valor que Dios les da es la señal de una vida llena del Espíritu.
>
> Dios mira *a una cosa y a través* de ella al mismo tiempo. Su mirada no se queda en la superficie, sino que penetra hasta encontrar el verdadero significado de las cosas. El cristiano carnal [inmaduro] mira a un objeto o a una situación, pero porque no puede mirar a través de este, se regocija o se deprime por lo que ve. El hombre espiritual es capaz de mirar a través de las cosas como Dios las mira y pensar en ellas como Dios piensa. Insiste en ver todas las cosas como Dios la ve, incluso si eso le humilla y expone su ignorancia hasta el punto del sufrimiento. (*That Incredible Christian* [Ese increíble cristiano] "Marks of the Spiritual Man", in the Best of A. W. Tozer ["Señales del hombre espiritual", en lo mejor de A. W. Tozer], compilado por Warren Wiersbe [Grand Rapids, Mich.: Baker, 1978], 113, cursivas en el original)

Hay un carácter estable y una profundidad en aquellos que verdaderamente conocen a su Dios. Y la Biblia dice que harán grandes cosas para Él (Dn. 11:32). Ahí es donde todos los creyentes finalmente deben estar.

La clave para alcanzar ese último nivel de madurez es reconocer y recordar el papel crucial de la obediencia. Los diferentes niveles de madurez no son una absoluta garantía. Esos niveles están enlazados con la obediencia. En cualquier etapa de nuestro desarrollo espiritual podemos obedecer a Dios o a la carne. Eso significa que entre tanto que seamos niños espirituales, jóvenes espirituales o padres espirituales, podemos estar progresando o retrocediendo en madurez espiritual. No podemos ni debemos descansar en el nivel de crecimiento que percibimos, pensando que automáticamente somos maduros cuando en realidad nuestra madurez está basada en si estamos obedeciendo a Dios o no. La madurez espiritual es, entonces, el proceso que mueve a los creyentes de ser niños espirituales a ser jóvenes espirituales y de ahí a ser padres espirituales. Es durante esas experiencias en la vida de cada uno de ellos, y solo durante ellas, cuando andan en el Espíritu y obedecen la Palabra de Dios.

LAS ESCRITURAS: LA CLAVE DEL CRECIMIENTO

Una de las tristes realidades en la iglesia contemporánea es que cada día más la interpretación cuidadosa, bien pensada y precisa de la Palabra de Dios es despreciada a favor de "experiencias espirituales" subjetivas y místicas. Como resultado, muchos que profesan ser creyentes no están creciendo en absoluto. Es como si un grupo de personas solo comiera comida "chatarra". Los que son atrapados en experiencias vacías y superficiales siguen un sendero que conduce al error y que no puede producir un verdadero cambio espiritual acompañado de crecimiento. En efecto, se están desviando del verdadero sendero de la madurez que procede del estudio de la Palabra de Dios. Se contentan con permanecer en el nivel básico de la inmadurez, acompañado de toda clase de problemas y decepciones, en vez de progresar hacia los niveles de madurez.

El texto clásico tocante el poder, el valor y la importancia de la Palabra en el proceso madurador del creyente es 2 Timoteo 3:15-17, que dice: "y que desde la niñez has sabido las Sagradas Escrituras, las cuales te pueden hacer sabio para la salvación por la fe que es en Cristo Jesús. Toda la Escritura es inspirada por Dios, y útil para enseñar, para redargüir, para corregir, para instruir en justicia, a fin de que el hombre de Dios sea perfecto, enteramente preparado para toda buena obra". Este pasaje, más resumidamente que cualquier otro en el Nuevo Testamento, bosqueja el poder espiritual transformador de la Palabra.

La función de las Escrituras en la salvación

Timoteo tuvo el privilegio de escuchar la Palabra por primera vez en su niñez (2 Ti. 3:15), porque "desde la niñez" su abuela Loida y su madre Eunice le habían enseñado "las Sagradas Escrituras", es decir, el Antiguo Testamento (vea 2 Ti. 1:5). Habían edificado su fe y su devoción sobre aquellos escritos y ayudaron a Timoteo a hacer lo mismo. Al ser expuestas a las verdades del Nuevo Testamento, la anticipación de la salvación enseñada en el Antiguo Testamento se convirtió en una firme realidad. Se habían arrepentido bajo la gracia y misericordia del Dios de Abraham, Isaac y Jacob. Cuando oyeron el evangelio de Jesucristo, sabían que la promesa de Dios del Mesías - Redentor se había cumplido y confiaron en Él como Señor y Salvador.

Pablo exhortó a Timoteo, quien era más fácilmente intimidado y desanimado que el apóstol, a aferrarse y a permanecer firme en lo que había aprendido. Tanto mediante su familia como bajo la dirección de Pablo, Timoteo llegó a ser coherente en su conocimiento de las Escrituras. Pablo no tuvo que amonestarlo con respecto a doctrina defectuosa o pecado, pero lo instó a perseverar en la verdad y en la sana doctrina que ya conocía.

Pablo, como antes lo había hecho el Señor (Jn. 5:39), aclara el hecho de que las palabras de las Escrituras en sí, o un conocimiento intelectual de ellas, no garantiza la salvación, sino mas bien "la sabiduría" que imparten "pueden hacer sabio para salvación por la fe que es en Cristo Jesús".

Así que, la primera obra que la Palabra realiza es la de llevar a los creyentes a la salvación (vea Sal. 19:7; Mr. 4:14-20; Jn. 5:24,39; Stg. 1:18; 1 P. 1:23). La verdad de las Escrituras, cuando se mezcla con la fe en Cristo y es vigorizada por el Espíritu Santo, conduce a la vida espiritual. El apóstol Pablo preguntó a los romanos: "¿Y cómo oirán [los inconversos] sin haber quien les predique? (Ro. 10:14) y después explica: "Así que la fe es por el oír, y el oír, por la palabra de Dios" (v. 17).

La función de las Escrituras en la enseñanza

Segunda Timoteo 3:16 concreta cómo la Palabra obra en la maduración de los creyentes, comenzando con su función didáctica. Pablo dice que "es útil para enseñar". "Útil" (el vocablo griego puede traducirse "beneficioso" o "productivo") se centra en la suficiencia de las

Escrituras. Eso significa que las Escrituras son "todo incluyentes", es decir, absolutamente capacitadas para satisfacer todas las necesidades espirituales de los creyentes (vea Jos. 1:8; Sal. 119).

"Enseñar" simplemente significa que la Palabra comunica doctrina, no dogmatismo, por lo cual los creyentes llegan a comprender la mente de Dios, que abarca su verdad, sus principios, su ley, sus exigencias y sus mandamientos. Todos ellos son fundamentales para cada aspecto de la vida cristiana.

El punto importante con respecto a la función esencial de las Escrituras en la enseñanza es que aparte de esta hay ciertas verdades que jamás podrían ser conocidas acerca de Dios. Todos pueden conocer algo con respecto a Dios a través de su revelación general, mediante la cual "revela su sabiduría y su poder, la variedad y la magnificencia de su creación y el hecho de que Él es un Dios personal. Pero el amor Salvador de Dios no puede ser conocido sin la revelación especial. Pablo explica así:

> *"Antes bien, como está escrito: Cosas que ojo no vio, ni oído oyó, ni han subido en corazón de hombre, son las que Dios ha preparado para los que le aman. Pero Dios nos las reveló a nosotros por el Espíritu; porque el Espíritu todo lo escudriña, aun lo profundo de Dios... Porque ¿quién conoció la mente del Señor? ¿Quién le instruirá? Mas nosotros tenemos la mente de Cristo".*
>
> *(1 Co. 2:9-10, 14-16)*

Las verdades relacionadas con la verdadera vida espiritual y con la madurez cristiana sencillamente no están a la disposición y no pueden ser comprendidas por los inconversos. Esas cuestiones no pueden ser comprendidas ni empírica ni filosóficamente. No están disponibles ni interna ni externamente por medio de la sabiduría humana. La única manera en que alguien podrá conocer la cosas de Dios es mediante la instrucción del Espíritu Santo a través de la Palabra revelada (Jn. 14:16-17; 16:13; 1 Jn. 2:20, 24, 27). Esos es lo que Jesús dijo que santifica a todos los creyentes: "Santifícalos en tu verdad: tu palabra es verdad" (Jn. 17:17).

La función de las Escrituras en redargüir

Una vez que la Palabra de Dios comienza a enseñar la verdad a los creyentes, a la postre e inevitablemente redargüirá ciertas ideas y comportamientos. El vocablo "redargüir" en 2 Timoteo 3:16 significa "reprender, refutar o condenar" el mal comportamiento o la falsa doctrina. Las Escrituras hacen frente a dos áreas: (1) Exponen el pecado y (2) refutan el error.

La Palabra de Dios tiene el ministerio negativo de destruir y eliminar todo lo que es pecaminoso y falso, del mismo modo que tiene el ministerio positivo de explicar y realzar todo lo que es justo y verdadero. Ese ministerio de redargüir fue practicado por Pablo constantemente en su uso de la Palabra: "Por tanto, yo os declaro en el día de hoy, que estoy limpio de la sangre de todos… Por tanto, velad, acordándoos de que por tres años, de noche y de día, no he cesado de amonestar con lágrimas a cada uno" (Hch. 20:26, 31).

Creyentes maduros que predican y enseñan la Palabra la usarán para condenar lo que es incorrecto, así como para enfatizar lo que es correcto. Jesús se refirió a ese proceso cuando dijo a sus discípulos: "Todo pámpano que en mí no lleva fruto, lo quitará; y todo aquel que lleva fruto, lo limpiará, para que lleve más fruto. Todo pámpano que en mí no lleva fruto, lo quitará; y todo aquel que lleva fruto, lo limpiará, para que lleve más fruto" (Jn. 15:2).

El crecimiento espiritual puede florecer en la medida en que permitimos que la Palabra confronte nuestro pecado y nuestro error nos guíe a andar en el Espíritu. Es por eso que la reprensión de las Escrituras es tan provechosa. Y es por eso, que debemos estar agradecidos por su disciplina, tal como lo expresa el escritor de proverbios: "Porque el mandamiento es lámpara, la enseñanza es luz, y camino de vida son las reprensiones que te instruyen" (6:23).

La función de las Escrituras en la corrección

Cuando estaba en la escuela, apreciaba esos maestros que indicaban las respuestas incorrectas en mis trabajos y luego escribían las respuestas correctas. Pero los que solo indicaban las respuestas incorrectas, sin indicar lo que estaba correcto, me frustraban. El vocablo griego traducido "corrección" en 2 Timoteo 3:16 literalmente significa "enderezar". La Palabra de Dios no solo nos reprende, redarguye y refuta. Va más allá y coloca de nuevo en línea, remendando, reconstruyendo y reparando lo que está roto.

Semejante a la relación que los padres tienen con sus hijos, las madres y los padres espirituales reprenden a sus hijos respecto del pecado y de las áreas que necesitan mejorarse. Si son buenos padres, entonces colocaran a sus hijos en el camino correcto mediante la enseñanza de comportamientos y actitudes correctas.

La corrección bíblica es, por lo tanto, la provisión positiva para los creyentes que aceptan la reprensión negativa de la Palabra. El proceso, algunas veces, es difícil de aceptar: "Es verdad que ninguna disciplina al presente parece ser causa de gozo, sino de tristeza; pero después da fruto apacible de justicia a los que por medio de ella han sido ejercitados" (He. 12:11).

La función de las Escrituras para instruir en justicia

Si permitimos que la Palabra de Dios realice una función genuina en nuestro crecimiento espiritual, no solo nos dejará con los elementos mínimos de la verdad. Además, la Palabra aplicará a nuestra vida lo que nos ha enseñado de tal modo que continuamente pueda edificarnos en justicia. En 2 Timoteo 3:6 ese proceso es sugerido por el vocablo griego *paideia* que es traducido "instruir" y que originalmente significaba "entrenar a un niño" (*paidion*) pero posteriormente llegó a tener un significado más amplio, es decir, cualquier clase de entrenamiento, como ocurre en este versículo.

Pero, ¿cómo se expresa en un sentido práctico instruir en justicia? El proceso comienza cuando oímos la predicación de las Escrituras durante el culto de adoración, en la escuela dominical o en un estudio bíblico. Es ahí cuando almacenamos en nuestro corazón y en nuestra mente la verdad doctrinal y bíblica.

La siguiente fase práctica de nuestra instrucción en justicia surge en nuestra vida diaria a medida que nos relacionamos con personas y con ideas del mundo y de vez en cuando necesitamos confrontar el error. Usted podría encontrarse en un grupo de discusión cuando alguien interpone un obvio error doctrinal. En ese momento usted puede apelar a su conocimiento bíblico para ayudarlo a responder de manera piadosa y correcta. De igual manera podría enfrentarse a una gran prueba en la que su entendimiento de la Palabra tomará la dirección, lo guiará a través de la crisis, y por ese medio lo instruirá en justicia. Siguiendo el ejemplo del Señor Jesús (vea Mt. 4:3-10), necesitamos usar las Escrituras cuidadosa y correctamente para hacer frente a cada tentación y prueba procedente del mundo (vea Sal. 119:9-11; Col.3:16).

No importa cuán profundo sea nuestro entendimiento de las Escrituras. Aún así, Dios nos entrena en maneras que no siempre comprendemos. Sin embargo, eso no debe impedirnos afirmar con el salmista: "Como el ciervo brama por las corrientes de las aguas, así clama por ti, Dios, el alma mía" (Sal. 42:1).

DEBEMOS DESEAR LAS ESCRITURAS

Si vamos a experimentar un crecimiento genuino, este tiene que ocurrir según el modelo de 1 Pedro 2:1-2: "Desechad, pues, toda malicia, todo engaño, hipocresía, envidias y toda maledicencia y desead, como niños recién nacidos, la leche espiritual no adulterada, para que por ella crezcáis para salvación".

El versículo 1 simplemente significa que tenemos que resolver la problemática del pecado en nuestra vida mediante la confesión constante y el abandono de este. Entonces podemos llegar al corazón del asunto en el versículo 2 y tener un deseo libre de cargas de la riqueza y la pureza de las Escrituras. Como escribió David en el Salmo 19:10 con respecto a la Biblia: "Deseables son más que el oro, más que mucho oro refinado; y dulces más que la miel, la que destila del panal". David también escribió en el Salmo 1:2 que el hombre bienaventurado "se deleita en la ley de Jehová, y en su ley medita de día y de noche". Como declara repetidas veces en el Salmo 119 que él se deleitaba en la Palabra. Ese anhelo profundo y lleno de gozo por las

Escrituras es también nuestra clave fundamental para crecer más y más en la semejanza de Cristo.

La analogía en 1 Pedro 2:2 es muy simple. El apóstol Pedro sencillamente dice que los creyentes deben desear la Palabra del mismo modo que los niños desean la leche. En el griego, el vocablo traducido "desear" significa un anhelo intenso y recurrente tal como el que los niños expresan para indicar su deseo por la leche. No les importa si procede de una botella o directamente de la madre o el color de la habitación, ni siquiera qué hora del día es, lo que quieren es leche, y si no la obtienen enseguida, lloran y chillan. Los creyentes deben tener la misma clase de anhelo claro por la Palabra de Dios.

Pedro no dice: lee la Biblia, o estúdiala o medita en ella, él dice *deséala*. Es lo que Pablo llama "el amor de la verdad" (2 Ts. 2:10). En efecto, eso produce una actitud en el corazón del creyente que dice: "Quiero la Palabra más de lo que quiero cualquier otra cosa".

Necesitamos esa clase de deseo profundo si hemos de conocer las Escrituras lo suficientemente bien para que pueda instruirnos en justicia. Considera la pasión por la verdad que el escritor de Proverbios bosqueja:

> *"Hijo mío, si recibes mis palabras, y mis mandamientos guardares dentro de ti, haciendo estar atento tu oído a la sabiduría; si inclinares tu corazón a la prudencia, si clamares a la inteligencia, y a la prudencia dieres tu voz; si como a la plata la buscares, y la escudriñares como a tesoros, entonces entenderás el temor de Jehová, y hallarás el conocimiento de Dios. Porque Jehová da la sabiduría, y de su boca viene el conocimiento y la inteligencia".*
>
> *(Pr. 2:1-6)*

Si vamos en pos de la verdad divina tan seriamente como algunas personas procuran las riquezas materiales, la encontraremos porque Dios la ha hecho disponible (vea Job. 28).

Se dice de un joven que una vez se acercó al filósofo y maestro griego de la antigüedad, Sócrates, y le preguntó: "Oh maestro Sócrates, ¿podría usted ser mi maestro?

Sócrates le respondió: "Sígueme", y se volvió y caminó en el mar. Continuó caminando y caminando, y el joven continuó siguiéndolo y siguiéndolo. Deseaba mucho tener al maestro Sócrates como mentor.

Finalmente, llegaron a la profundidad en la que el agua tocaba justamente el borde de sus labios. Sócrates entonces dio la vuelta y colocó ambas manos sobre la cabeza del joven y lo empujó debajo del agua. El joven, queriendo ser un estudiante obediente, permaneció debajo del agua por un poco de tiempo.

Pero pronto comenzó a escupir y a chisporrotear a su alrededor mientras cogía aire. Durante ese tiempo Sócrates, quien evidentemente, era fuerte lo mantenía debajo del agua. Pronto el joven comenzó a soplar grandes burbujas y agitarse enloquecidamente. Finalmente, Sócrates retiró sus manos de su candidato a estudiante, quien saltó a la superficie del agua.

Haciendo esfuerzos para respirar y escupiendo agua de su boca, el joven frenéticamente le preguntó al filósofo, ¿por qué hizo usted eso? ¿Por qué?

Sócrates le contestó: "Cuando desees aprender tanto como deseas respirar, seré tu maestro".

Cuando los creyentes queramos encontrar y conocer la verdad de la manera como algunas personas buscan tesoros naturales, cuando los creyentes ansiemos la Palabra de Dios tan apasionadamente como un bebé desea la leche, creceremos y maduraremos y llegaremos a ser semejantes a Cristo.

Josué 1:8 proporciona un resumen adecuado para nuestro estudio del crecimiento espiritual: "Nunca se apartará de tu boca este libro de la ley, sino que de día y de noche meditarás en él, para que guardes y hagas conforme a todo lo que está escrito en él, porque entonces harás prosperar tu camino y todo te saldrá bien": La clave está en absorber la Palabra de Dios y vivirla diariamente.

7

PERDONE Y SEA BENDECIDO

Una columna esencial del carácter cristiano, que fácilmente puede omitirse y causar gran daño a la iglesia, es la actitud del perdón. Este debe acompañar a nuestra unidad y a nuestra búsqueda de santidad (crecimiento espiritual). De otro modo el Cuerpo de Cristo puede convertirse en algo áspero, rígido y amargo, cuyo resultado sería guardar rencor y elevar el orgullo.

El perdón es absolutamente esencial porque por mucho que quisiéramos traer la perfección del cielo en medio de la vida de la iglesia, eso no ocurrirá en esta vida. En cambio, habrá pecados, imperfecciones, errores, juicios equivocados y malas actitudes, y esas cosas ocurrirán tanto entre los dirigentes de la iglesia como en la misma congregación.

Aun el apóstol Pablo, en el cenit de su vida y el final mismo de su carrera como un leal dirigente cristiano y fundador de iglesias, se identificó a sí mismo como el primero de los pecadores (1 Ti. 1:15). El pecado siempre nos asediará, y constantemente estaremos de acuerdo con las palabras de Pablo "¡Miserable de mí! ¿quién me librará de este cuerpo de muerte?" (Ro. 7:24). De hecho, mientras más seguimos el modelo de crecimiento espiritual bosquejado en el último capítulo y mientras más maduramos, más sensibles seremos a pecar y más conscientes estaremos de nuestros fracasos.

De modo que los creyentes más maduros siempre deben sentir la necesidad de tener una actitud perdonadora dentro de la vida de la iglesia. Actitudes implacables, si no son abandonadas, invariablemente conducirán a una falta de unidad y de comunión entre los creyentes, una limitada efectividad en el ministerio a una pérdida de gozo y la paz que todos los cristianos deben experimentar a través del Espíritu Santo.

Por supuesto, la sociedad secular de hoy día, sicológicamente seducida, inclinada al ejercicio y a la glorificación de del amor propio, se burla del perdón. Las personas se acogen tenazmente a sus "derechos personales" para sentirse ofendidas ante cada supuesto mal que experimentan. También toman mucha satisfacción en vengarse de otras personas. Todo eso es contrario a lo que la Biblia nos enseña y es una poderosa razón para que los cristianos nos caractericemos por ser perdonadores.

LA ACCIÓN CELESTIAL POR EXCELENCIA

Samuel Davies, un evangelista y organizador del presbiterianismo en la Norteamérica colonial, expresó maravillosamente en las estrofas del siguiente himno con respecto a la actitud perdonadora de Dios y cuál debe ser nuestra respuesta:

¡Perdón de un Dios ofendido!
¡Perdón de tantos pecados cometidos!
¡Perdón por el sacrificio del Cordero!
¡Perdón ofrecido al mundo entero!
¿Qué Dios como tú que perdona la maldad?
Como tú no hay otro en justicia y santidad.

Oh amor glorioso e incomparable
Sublime es el regalo de tu gracia
Enseña a los hombres a ser agradecidos
A alabarte por tu amor inagotable.
¿Qué Dios como tú, amante y perdonador
Que concede su gracia al pecador?

Como sugieren esos versos, el perdón de Dios es maravilloso. Es su amor inmerecido y gratuito que no mantiene culpable al pecador, sino que completamente pasa por alto la trasgresión. Cuando manifestamos perdón, esencialmente estamos diciendo que no importa lo que la otra persona ha hecho, no permanecemos enfadados o con deseo de venganza. No culparemos a la otra persona o sentiremos compasión por nosotros mismos porque hemos sido ofendidos. En cambio, estamos preparados para hacer caso omiso a ese pecado y ofrecer totalmente amor a esa persona.

Eso es el perdón y ese es un distintivo de un carácter santificado. Estoy convencido de que el perdón es el favor más sublime que podemos otorgar a otra persona. Si es nuestro deseo sincero de ser semejante a Cristo, entonces debemos poseer y demostrar la actitud del perdón. Nunca somos más semejantes a nuestro Padre celestial que cuando perdonamos a alguien.

Dios por naturaleza perdona

Las Escrituras están repletas de evidencias de que Dios es perdonador. Éxodo 34:6-7 dice: "Y pasando Jehová por delante de él, proclamó: ¡Jehová! ¡Jehová! fuerte, misericordioso y piadoso; tardo para la ira, y grande en misericordia y verdad; que guarda misericordia a millares, que perdona la iniquidad, la rebelión y el pecado, y que de ningún modo tendrá por inocente al malvado; que visita la iniquidad de los padres sobre los hijos y sobre los hijos de los hijos, hasta la tercera y cuarta generación". Moisés había pedido ver la gloria de Dios, de modo que el Señor reveló una pequeña porción de esta cuando pasó delante de él e identificó algunos de sus atributos básicos.

Los salmos también atestiguan la verdad de la naturaleza perdonadora de Dios. He aquí tres pasajes representativos:

> *"Bienaventurado aquel cuya trasgresión ha sido perdonada, y cubierto su pecado... Bienaventurado el hombre a quien Jehová no culpa de iniquidad, y en cuyo espíritu no hay engaño".*
>
> *(Sal. 32:1-2)*

"Perdonaste la iniquidad de tu pueblo; todos los pecados de ellos cubriste. Reprimiste todo tu enojo; te apartaste del ardor de tu ira".
(Sal. 85:2-3)

"JAH, si mirares a los pecados, ¿Quién, oh Señor, podrá mantenerse? Pero en ti hay perdón, para que seas reverenciado".
(Sal. 130:3-4)

Los profetas del Antiguo Testamento también proclamaron la verdad de la naturaleza perdonadora de Dios. A través de Isaías, Dios dijo: "Yo, yo soy el que borro tus rebeliones por amor de mí mismo, y no me acordaré de tus pecados" (Is. 43.25). Dios sencillamente dice que pondrá su carácter como Dios perdonador en despliegue y así recibe adoración de quienes están agradecidos por su perdón.

En Isaías 55:6-7, el profeta reitera el principio del perdón con esta exhortación: "Buscad a Jehová mientras puede ser hallado, llamadle en tanto que está cercano. Deje el impío su camino, y el hombre inicuo sus pensamientos, y vuélvase a Jehová, el cual tendrá de él misericordia, y al Dios nuestro, el cual será amplio en perdonar".

En Jeremías 33:8, tres veces Dios declara la importancia de los pecados del pueblo y dos veces proclama su actitud perdonadora: "Y los limpiaré de toda su maldad con que pecaron contra mí; y perdonaré todos sus pecados con que contra mí pecaron, y con que contra mí se rebelaron".

Ilustraciones del perdón en el Nuevo Testamento

La naturaleza perdonadora esencial de Dios quizá no halla mejor ilustración que en la bien conocida parábola de Jesús conocida como el hijo pródigo (que debía llamarse más bien la parábola del padre perdonador). Lucas 15:11-24 registra el texto del padre compasivo y el hijo descarriado.

"También dijo: Un hombre tenía dos hijos; y el menor de ellos dijo a su padre: Padre, dame la parte de los bienes que me corresponde;

y les repartió los bienes. No muchos días después, juntándolo todo el hijo menor, se fue lejos a una provincia apartada; y allí desperdició sus bienes viviendo perdidamente. Y cuando todo lo hubo malgastado, vino una gran hambre en aquella provincia, y comenzó a faltarle. Y fue y se arrimó a uno de los ciudadanos de aquella tierra, el cual le envió a su hacienda para que apacentase cerdos. Y deseaba llenar su vientre de las algarrobas que comían los cerdos, pero nadie le daba. Y volviendo en sí, dijo: ¡Cuántos jornaleros en casa de mi padre tienen abundancia de pan, y yo aquí perezco de hambre! Me levantaré e iré a mi padre, y le diré: Padre, he pecado contra el cielo y contra ti. Ya no soy digno de ser llamado tu hijo; hazme como a uno de tus jornaleros. Y levantándose, vino a su padre. Y cuando aún estaba lejos, lo vio su padre, y fue movido a misericordia, y corrió, y se echó sobre su cuello, y le besó. Y el hijo le dijo: Padre, he pecado contra el cielo y contra ti, y ya no soy digno de ser llamado tu hijo. Pero el padre dijo a sus siervos: Sacad el mejor vestido, y vestidle; y poned un anillo en su mano, y calzado en sus pies. Y traed el becerro gordo y matadlo, y comamos y hagamos fiesta; porque este mi hijo muerto era, y ha revivido; se había perdido, y es hallado. Y comenzaron a regocijarse".

El hijo en esta parábola se asemeja a muchos hijos hoy: Fatuo, avaro, egoísta, licencioso, ansioso de apoderase de riquezas por las que no ha trabajado, y derrochador en la manera como gasta el dinero en compañía de personas irresponsables e indiferentes que lo dejan en la misma miseria cuando los recursos se agotan. Al volver en sí en un corral de cerdos, su condición refleja su vida. Dándose cuenta de que los jornaleros de la casa de su padre lo pasan mejor que él, decide regresar a su casa.

La última cosa que el hijo espera es el perdón. Solo quiere la oportunidad de regresar a casa, reconoce cuán terrible y vagabundo hijo ha sido, y convertirse en un esclavo. Por lo menos tendrá un lugar donde vivir y un buen plato de comida para alimentarse.

Al describir la llegada del hijo a la casa del padre, Jesús nos enseña lo que significaba perdonar, sobre la base de cómo Dios perdona. Tan pronto como el padre ve al hijo a la distancia, corre a su encuentro, cariñosa y sinceramente, abraza a su hijo, y ordena una celebración extravagante para celebrar el regreso. Eso ilustra el generoso carácter de Dios y su amplio perdón. Cuando Él ve al pecador dirigirse a Él con un corazón arrepentido y una disposición para confesar sus pecados, Dios inmediatamente lo abraza y derrama su amor perdonador sobre ese pecador.

El padre de la parábola no se parece en nada a las personas en la iglesia que mantienen una actitud impía en contra de la Biblia. Esas personas que piensan que tienen que desquitarse por cada cosa errónea hecha contra ellas y reaccionan para preservar su orgullo son totalmente contrarias al carácter de Jesucristo.

Las personas amargadas no están dispuestas a perdonar y sus acciones llenas de rencor socavan el trabajo de la iglesia y el ministerio de siervos y líderes fieles. ¡Qué contraste con el padre que se regocija por el hijo arrepentido y no escatima ningún esfuerzo para expresar su perdón! Y el padre no hace nada por ganancia personal, sino simplemente por el gozo de la reconciliación. La parábola, ilustra la manera de Dios al perdonar. Es por eso que reiteramos que el perdón es la acción más sublime que cualquiera podría realizar (vea Mt. 5:43-45).

El perdón es también el argumento principal de Pablo en Efesios 4:32: "Antes sed benignos unos con otros, misericordiosos, perdonándoos unos a otros, como Dios también os perdonó a vosotros en Cristo". Una actitud perdonadora es el ingrediente para tratar a otros bondadosa y tiernamente. Ya hemos visto que Dios nos ama y nos perdona, no porque lo merezcamos, sino simplemente porque Él es abrumadoramente misericordioso. Por lo tanto, de la misma manera los creyentes debemos extender bondad y compasión a otros creyentes, en medio de un mundo extremadamente iracundo, inmisericorde y sin bondad, perdonando los pecados, los fracasos y las debilidades y desestimando sus propias agendas egoístas y expectativas personales.

En Colosenses 3:13 Pablo destaca otra importante verdad tocante al perdón cristiano: "soportándoos unos a otros, y perdonándoos unos a otros si alguno tuviere queja contra otro. De la manera que

Cristo os perdonó, así también hacedlo vosotros". Debemos perdonar con la misma magnanimidad y generosidad con la que Dios nos ha perdonado.

EL IMPERATIVO DEL PERDÓN

Otra parábola de Jesús que claramente enfatiza la importancia del perdón en la vida cristiana es la parábola del siervo malvado. En ese pasaje la enseñanza de Jesús destaca no solo la necesidad del perdón, sino también el imperativo que si Dios, que ha recibido la mayor ofensa, puede perdonarnos, entonces los creyentes, quienes han sido ofendidos mucho menos, deben perdonan a otros creyentes.

En respuesta a la pregunta de Pedro con respecto a cuántas veces un creyente debe perdonar los pecados a su hermano, el Señor relató la siguiente parábola a sus discípulos:

> *"Por lo cual el reino de los cielos es semejante a un rey que quiso hacer cuentas con sus siervos. Y comenzando a hacer cuentas, le fue presentado uno que le debía diez mil talentos. A éste, como no pudo pagar, ordenó su señor venderle, y a su mujer e hijos, y todo lo que tenía, para que se le pagase la deuda. Entonces aquel siervo, postrado, le suplicaba, diciendo: Señor, ten paciencia conmigo, y yo te lo pagaré todo. El señor de aquel siervo, movido a misericordia, le soltó y le perdonó la deuda. Pero saliendo aquel siervo, halló a uno de sus consiervos, que le debía cien denarios; y asiendo de él, le ahogaba, diciendo: Págame lo que me debes. Entonces su consiervo, postrándose a sus pies, le rogaba diciendo: Ten paciencia conmigo, y yo te lo pagaré todo. Más él no quiso, sino fue y le echó en la cárcel, hasta que pagase la deuda. Viendo sus consiervos lo que pasaba, se entristecieron mucho, y fueron y refirieron a su señor todo lo que había pasado. Entonces, llamándole su señor, le dijo: Siervo malvado, toda aquella deuda te perdoné, porque me rogaste. ¿No debías tú también tener misericordia de tu consiervo, como yo tuve misericordia de ti? Entonces su señor, enojado, le entregó a los verdugos, hasta que pagase todo lo que le debía. Así también mi*

Padre celestial hará con vosotros si no perdonáis de todo corazón cada uno a su hermano sus ofensas".

(Mt. 18:23-35)

En los reinos de la antigüedad todos los ciudadanos eran esclavos en el sentido amplio de la palabra puesto que eran súbditos del monarca. Eso significa que la nobleza era esclava del rey en la misma medida en que lo eran los más humildes esclavos. Esta parábola sugiere tales extremos, lo cual indica que su verdad es aplicable a todo creyente en el reino de Dios. El primer siervo en la parábola tenía mucha riqueza personal, pero el segundo era probablemente pobre en comparación. El primero era probablemente un gobernador del reino, y su principal responsabilidad era cobrar los impuestos para el rey.

La idea central de la parábola tocante al dinero es que el siervo debía una gran cantidad por deuda no pagada al rey. Esa tremenda deuda simboliza la enorme deuda de pecado que todo ser humano tiene con Dios. Cuando el Espíritu de Dios convence a un individuo de su pecado (Jn. 16:8), se da cuenta de que la deuda del pecado sobrepasa la comprensión y es humanamente impagable (vea Job 42:6; Esd. 9:6; Ro. 7:13).

Dios quiere que veamos la vida como una mayordomía que debe vivirse para su gloria. Pero los inconversos toman la vida que les ha sido dada por Dios y la despilfarran en ellos mismos en vez de invertirla en Él. Como el hijo pródigo o el siervo que enterró el talento, desperdician cualquier privilegio del evangelio que el Señor les otorga.

El primer siervo de la parábola representa al inconverso a quien Dios le ha dado vida (Hch. 17:25), tiene la oportunidad de darle a Dios lo que le debe (Ro. 11:36), pero malgasta los recursos de Dios en el pecado. Representando a cualquier pecador en bancarrota, aquel hombre probablemente desfalcó lo que justamente pertenecía al rey y lo gastó todo en sus propios deseos. Eso produjo el castigo del siervo, como dice el texto. "A éste, como no pudo pagar, ordenó su señor venderle, y a su mujer e hijos, y todo lo que tenía, para que se le pagase la deuda" (Mt. 18.25).

Al ser confrontado con su pecado y las consecuencias, el siervo se postró delante del rey, indicando su completa sumisión a la misericordia del monarca. El hombre fue plenamente redargüido por su pecado y estaba genuinamente arrepentido. Todo pecador debía sentirse tan abrumado por su pecado como aquel siervo se sintió por su deuda (vea Mt. 5:2-12; Lc. 18:13).

Aunque la posibilidad de corregir las cosas era virtualmente inexistente, aquel hombre en su desesperación rogó que se le diera una oportunidad: "Entonces aquel siervo, postrado, le suplicaba, diciendo: Señor, ten paciencia conmigo, y yo te lo pagaré todo" (Mt. 18:26). La actitud posterior del rey de condescendiente bondad ilustra el gran amor perdonador de Dios hacia el pecador verdaderamente arrepentido que sabe que necesita descansar en la misericordia del Señor. Él libera al pecador verdaderamente arrepentido que sabe que necesita descansar en la misericordia del Señor. Él libera al pecador de la deuda imposible del pecado y lo declara una nueva persona en Cristo. (Sin duda, la parábola apunta al mensaje del evangelio, no completamente bosquejado, porque el punto principal que Jesús quería ilustrar era el tema del perdón entre los creyentes.)

La actitud y el comportamiento del siervo perdonado hacia uno de sus consiervos, en la segunda parte de la parábola, es realmente increíble e inaceptable a la luz del gesto magnánimo del rey. Aunque el segundo siervo tenía una deuda muchísimo menor que la del primer siervo, el recién perdonado siervo era totalmente renuente a emular al rey y perdonar al otro siervo. No es que lo que el segundo siervo debía al primero no fuera una deuda legítima. Era una deuda real y necesitaba perdón, cosa que el primer siervo rehusó otorgar. En cambio, actuó de una manera orgullosa, con vanidad, ingratitud y sin misericordia hacia el otro siervo que tenía un nivel más bajo que él.

La exigencia del siervo perdonado de que el otro le pagara y hacerlo con ira, de manera abusiva era algo totalmente insensible e irracional y, como dice un comentarista: "Una monstruosidad moral". Y el siervo que no quiso perdonar fue castigado por su pecado cuando los otros siervos (que representan a los creyentes) fueron con mucha tristeza e informaron al rey lo que había ocurrido.

El monarca, tal como ocurriría con nuestro santo y justo Dios, "se enojó" (v. 34) por el insólito pecado de aquel hombre. El peor aspecto del pecado no fue la exigencia del pago de una deuda relativamente pequeña, sino la terca resistencia a perdonar a un consiervo en el espíritu en el que el primer siervo encontró misericordia. El siervo perdonado definitivamente no estaba siguiendo el principio que el apóstol Pablo expresó posteriormente en Efesios 4:32.

Cuando Dios necesita disciplinar a los creyentes por cualquier pecado grave, lo hace de la manera más imparcial, mucho más de lo que podría serlo el castigo de cualquier rey. El Señor, aunque siempre le disgusta el pecado, disciplina a sus hijos porque los ama (He. 12:6; 10-11). Si se les olvida el perdón que recibieron (como ocurrió con el primer siervo) y rehúsan perdonar a sus hermanos, Dios hace que sufran tales molestias como el estrés, privaciones, cargos de conciencia y otras pruebas hasta que confronten el pecado. Santiago dice: "Porque juicio sin misericordia se hará con aquel que no hiciere misericordia; y la misericordia triunfa sobre el juicio" (Stg. 2:13).

Creo que la lección de la parábola es clara: Cualquier creyente que ofende a otro creyente ha ofendido a Dios mucho más y Dios le ha perdonado. El creyente ofendido, por lo tanto, debe estar siempre dispuesto a perdonar al hermano o hermana que pecó contra él y pedirle que lo perdone. Los cristianos siempre debemos reflejar el perdón de Dios porque hemos experimentado el mismo perdón.

El perdón genuino, sin embargo, no excusa el mal hecho por otros. La compasión y la misericordia no racionalizarán una ofensa, sino que siempre la llamarán por su nombre. Pero al confrontar un pecado, el creyente perdonado eliminará la amargura y todo otro sentimiento negativo que solo puede aumentar el pecado en vez de eliminarlo. Entonces él o ella puede confiada y sinceramente orar la conocida oración: "Y perdónanos nuestras deudas, como también nosotros perdonamos a nuestros deudores" (Mt. 6:12).

LA BENDICIÓN DEL PERDÓN

"Bienaventurados los misericordiosos", dijo nuestro Señor, "porque ellos alcanzarán misericordia" (Mt. 5:7). Si queremos disfrutar de los beneficios del perdón de Dios hacia nosotros, debemos estar dispuestos a perdonar a otros creyentes, incluso a esos que constantemente pecan contra nosotros. O podemos expresar ese principio más directamente, es decir, Dios no perdona a quienes no perdonan a otros (Mt. 6:15).

Eso no significa que una actitud no perdonadora anula la salvación de un creyente. En el alcance eterno de las cosas, Dios perdona todos los pecados de quienes están en Jesucristo. Pero una actitud que rehúsa perdonar a otros creyentes robará a un cristiano el gozo, la paz, la comunión y la eficacia en la iglesia. Ese es el principio al que Juan 13:9-10 se refiere: "Le dijo Simón Pedro: Señor, no sólo mis pies, sino también las manos y la cabeza. Jesús le dijo: El que está lavado, no necesita sino lavarse los pies, pues está todo limpio; y vosotros limpios estáis, aunque no todos". La cuestión no es ser limpio o salvo, sino se trata de remover el pecado diario para que podamos tener una comunión adecuada.

Si somos santificados poseemos el perdón eterno, y eso resuelve la cuestión de la bendición futura. Pero el perdón temporal, dado y recibido, es una parte necesaria del proceso de nuestra santificación y determina si hemos de disfrutar o no de la bendición presente. Si no perdonamos a otros creyentes regular y constantemente, Dios no nos extenderá el perdón temporal. Como resultado renunciamos a nuestra bendición presente y sufriremos la disciplina divina. Como vimos en la parábola del siervo malvado en Mateo 18, Dios disciplina a los creyentes que no perdonan a otros cristianos, a veces hasta el extremo de la muerte.

En mis años como pastor he descubierto que los cristianos que no poseen el gozo, ni el poder ni la eficacia en su andar, con frecuencia manifiestan una actitud no perdonadora. Dios retiene su bendición debido al espíritu amargo, rencoroso y terco de la vida de cada uno de ellos.

Hay personas no perdonadoras que han venido a mí en busca de consejo y expresan su ira, frustración y confusión a causa de las dificultades que experimentaban. En esos casos les hago generalmente estas preguntas: ¿Qué piensa que el Señor quiere hacer en su vida? ¿Podría haber alguna razón de por qué está experimentando esas dificultades? La razón de mis preguntas es que esas personas necesitan examinar su corazón, porque esa es la raíz de su ira y amargura. Los desafío a pensar si sus actitudes no perdonadoras están causando su disciplina. Les recuerdo que los creyentes debemos perdonar porque es ahí cuando mejor reflejamos el corazón del Padre celestial.

En Mateo 5:23-24 Jesús enseña: "Por tanto, si traes tu ofrenda al altar, y allí te acuerdas de que tu hermano tiene algo contra ti, deja allí tu ofrenda delante del altar, y anda, reconcíliate primero con tu hermano, y entonces ven y presenta tu ofrenda".

El significado de la enseñanza de nuestro Señor no podría ser más claro. Un rencor escondido necesita ser resuelto y debe haber reconciliación antes de poder rendir verdadera adoración a Dios. Debemos hacer todo lo posible para resolver cualquier enojo, amargura y resentimiento que alberguemos hacía algún hermano o hermana en Cristo o que alguno tenga contra nosotros. De otro modo, no estamos preparados para venir delante de Dios o de participar de la Cena del Señor. Es por eso que la actitud de perdonar es tan crítica en la vida de la iglesia.

Para ayudarlo a guardar su corazón contra la tendencia de no perdonar a otros creyentes, recuerde esta oración:

> Oh Dios, dame un corazón perdonador, para tener comunión contigo en la plenitud del compañerismo y el gozo y que no experimente la disciplina que viene cuando tú no me perdonas porque yo no perdono a un hermano o hermana en Cristo. Que yo pueda recordar que por cada uno que peca contra mí yo he pecado muchas veces contra ti. Tú siempre me has perdonado. En ningún momento ninguno de mis pecados me ha hecho perder mi salvación eterna. Por lo tanto, el pecado

de ninguna otra persona debería causarles la pérdida de mi amor y mi misericordia hacia ellos. Amén.

8

Razón suficiente para regocijarse

Todo ser humano tiene un deseo básico de estar gozoso, y parece que todos los otros deseos fluyen de ahí y directa o indirectamente sirven a esa necesidad fundamental. Las personas consumen ciertos alimentos y bebidas por el placer que obtienen de ellos. Muchas personas procuran ganar dinero y posesiones materiales porque creen que esas cosas les producirán gozo. La mayoría de las personas buscan prestigio, poder y éxito porque piensan que eso les producirá gozo. Pero el disfrute de esas cosas es temporal y decepcionante. El gozo verdadero y perdurable solo viene cuando los creyentes, por fe, a través de la gracia, confían en Jesucristo como Señor y Salvador y se apropian de las verdades de su reino.

La naturaleza del verdadero gozo se hace patente cuando contrastamos las definiciones de dicho vocablo. Su significado primario, según el diccionario castellano, es: "Una emoción causada por la contemplación de algo que nos gusta o por la esperanza de obtener cosas halagüeñas y apetecibles". Implícitas en esa definición están todas satisfacciones egocéntricas, temporales e insatisfactorias antes mencionadas.

Ahora considere la definición bíblica de gozo. El vocablo griego (*chara*) se usa setenta veces en el Nuevo Testamento, y siempre representa un sentimiento de felicidad que está basado sobre realidades espirituales. En esos contextos, gozo no es algo que simplemente se experimenta como resultado de circunstancias favorables. Tampoco es simplemente una emoción humana divinamente estimada. En cambio, gozo es un don sobrenatural de Dios para los creyentes. A eso se refería Nehemías cuando dijo: "el gozo de Jehová es nuestra fuerza" (Neh. 8:10).

El gozo espiritual no es solo un don de Dios, sino también un mandato para todos aquellos que le conocen: "Regocijaos en el Señor siempre. Otra vez digo: ¡Regocijaos!" (Fil. 4:4; vea 1 Ts. 5:16). Igual que otras características de la vida cristiana (ser llenos del Espíritu Santo, comprender nuestra unidad espiritual, etcétera) Los creyentes no necesitan inventar el gozo ni utilizar toda clase de artilugios para encontrarlo. Sencillamente necesitan dar gracias al Señor por el don y deleitarse en las maravillosas bendiciones que el gozo ya brinda (vea Ro. 14:17).

EL GOZO: UN MANDATO REPETIDO

Debido a que Dios manda a los creyentes a tener gozo, es fácil comprender que el gozo es otra columna fundamental o actitud del carácter cristiano. El mundo pecaminoso en el que vivimos nos ofrece suficientes razones para estar afanosos, turbados, preocupados y temerosos, pero ninguno de esos factores negativos debe afectarnos seriamente. Eso se debe a que el Nuevo Testamento está repleto de exhortaciones e instrucciones respecto del gozo. Solo en Filipenses se menciona diecisiete veces. Ya hemos notado el mandamiento básico del apóstol Pablo en 4:4, pero también habla del gozo en estos versículos clave (cursivas añadidas):

> *"Y confiado en esto, sé que quedaré, que aún permaneceré con todos vosotros, para vuestro provecho y gozo de la fe".*
>
> *(1:25)*

> *"completad mi gozo, sintiendo lo mismo, teniendo el mismo amor, unánimes, sintiendo una misma cosa".*
>
> *(2:2)*

> *"Y aunque sea derramado en libación sobre el sacrificio y servicio*

de vuestra fe, me gozo y regocijo con todos vosotros.. Y asimismo gozaos y regocijaos también vosotros conmigo".

(2:17-18)

"Por lo demás, hermanos, gozaos en el Señor. A mí no me es molesto el escribiros las mismas cosas, y para vosotros es seguro".

(3:1)

"En gran manera me gocé en el Señor de que ya al fin habéis revivido vuestro cuidado de mí; de lo cual también estabais solícitos, pero os faltaba la oportunidad".

(4:10)

A la luz de semejante énfasis en el gozo, es correcto afirmar que ninguna circunstancia ni acontecimiento jamás debe disminuir el gozo en la vida de un creyente. Eso podría parecer ridículo o imposible, especialmente ante las realidades de la vida diaria. Pero está basado sobre la verdad de las Escrituras. Primera Tesalonicenses 5:16 es muy concisa, directa e ineludible: "Estad siempre gozosos". Y Pablo mismo practicó ese mandamiento, reconociendo que aunque confrontó muchos contratiempos, estaba siempre gozoso. El apóstol Pedro también afirma esa premisa: "sino gozaos por cuanto sois participantes de los padecimientos de Cristo, para que también en la revelación de su gloria os gocéis con gran alegría" (1 P. 4:13).

Muchos otros textos del Nuevo Testamento refuerzan la verdad de que ninguna cantidad de adversidad o dificultad debía afectar la actitud de gozo de un creyente. El mismo Señor Jesús subrayó la importancia del gozo cuando enseñó a los discípulos en el Aposento Alto, justamente antes de su propio sufrimiento y muerte. El gozo era un componente esencial del legado que nos dejó:

"Estas cosas os he hablado, para que mi gozo esté en vosotros, y vuestro gozo sea cumplido".

(Jn. 15:11)

"También vosotros ahora tenéis tristeza; pero os volveré a ver, y se gozará vuestro corazón, y nadie os quitará vuestro gozo".

(Jn. 16:22)

"Hasta ahora nada habéis pedido en mi nombre; pedid, y recibiréis, para que vuestro gozo sea cumplido".

(Jn. 16:24)

"Pero ahora voy a ti; y hablo esto en el mundo, para que tengan mi gozo cumplido en sí mismos".

(Jn. 17:13)

Si lee todo el contexto de Juan 13-17, verá que en medio de las aterradoras circunstancias de la cercana muerte del Señor, los doce pronto serían dejados en el mundo para enfrentarse a las persecuciones, sufrimientos y a la misma muerte. *Pero* el Señor nunca vaciló para decirles que tendrían gozo constante.

Las palabras de Jesús en su mensaje en el Aposento Alto, sin embargo, no deben sorprendernos porque temprano en su ministerio Él enseñó que ni las pruebas ni las adversidades deben disminuir el sentido de gozo del creyente. Mateo 5:11-12: "Bienaventurados sois cuando por mi causa os vituperen y os persigan, y digan toda clase de mal contra vosotros, mintiendo. Gozaos y alegraos, porque vuestro galardón es grande en los cielos; porque así persiguieron a los profetas que fueron antes de vosotros". Lucas registra mucho del mismo mensaje: "Bienaventurados seréis cuando los hombres os aborrezcan, y cuando os aparten de sí, y os vituperen, y desechen vuestro nombre como malo, por causa del Hijo del Hombre. Gozaos en aquel día, y alegraos, porque he aquí vuestro galardón es grande en los cielos; porque así hacían sus padres con los profetas" (Lc. 6:22-23).

Pero eso todavía deja sin contestar la pregunta: ¿Cómo es posible responder a cada situación difícil con gozo? El apóstol Santiago es instructivo al respecto cuando dice: "Hermanos míos, tened por sumo gozo cuando os halléis en diversas pruebas, sabiendo que la prueba de vuestra fe produce paciencia" (Stg. 1:2-3).

Debemos ser más felices en nuestros tiempos de pruebas que en nuestros tiempos buenos porque las pruebas siempre son más espiritualmente productivas y purificadoras. Es más probable que estas nos despojen de nuestro egocentrismo y de nuestro orgullo y de convencernos que no estamos en el control de todo. Llegamos a depender mucho más del Señor durante los tiempos de prueba, y eso mejora nuestra vida de oración y nos ayuda a ser más sensibles hacia los sufrimientos de Cristo y también hacia los de otros creyentes. Santiago considera esa clase de efecto "la obra perfecta" de la paciencia que nos hace ser "perfectos [maduros] y cabales, sin que os falte cosa alguna" (1:4).

El llamado a regocijarse en todo tiempo y en cualquier circunstancia no significa, sin embargo, que no hay tiempos cuando es del todo correcto refrenarse de expresiones externas de gozo. Es legítimo para nosotros que en momentos apropiados nos identifiquemos con emociones humanas normales, tal como Pablo nos anima en Romanos 12:15 cuando dice: "Gozaos con los que se gozan; llorad con los que lloran". Hay algo bueno y beneficioso para nosotros y para los que ministramos cuando legítimamente derramamos lágrimas y mostramos compasión hacia los que sufren pena y dolor. Sin embargo, eso no debe perturbar ni disminuir el sentido de gozo interno y permanente del cristiano.

Pablo expresa el equilibro adecuado cuando dice: "Como entristecidos, más siempre gozosos" (2 Co. 6:10). Hay lugar para la compasión y la tristeza humana normal, pero siempre deben ir acompañadas de un corazón que se regocija. Debajo de las emociones externas del llanto y la tristeza y la expresión de compasión, el creyente siempre tendrá un genuino gozo espiritual, una actitud que solo Dios puede dar.

LA SUPERIORIDAD DEL VERDADERO GOZO

Como se ha expresado al comienzo de este capítulo, el gozo del mundo es inferior al gozo verdadero que Dios tan bondadosamente nos da a los creyentes y nos manda a expresarlo. De manera simple, el gozo del mundo se deriva de los placeres terrenales pasajeros. La Biblia pone cuidado en identificar el gozo del mundo y advierte de sus peligros y de sus insuficiencias.

La inferioridad del gozo del mundo

El escritor de Eclesiastés habla de su insensatez al ser atrapado en el gozo terrenal: "No negué a mis ojos ninguna cosa que desearan, ni aparté mi corazón de placer alguno, porque mi corazón gozó de todo mi trabajo; y esta fue mi parte de toda mi faena. Miré yo luego todas las obras que habían hecho mis manos, y el trabajo que tomé para hacerlas; y he aquí, todo era vanidad y aflicción de espíritu, y sin provecho debajo del sol" (Ec. 2:10-11).Luego en Eclesiastés 11:9 el Predicador declara el disgusto de Dios contra ese desenfreno: "Alégrate, joven, en tu juventud, y tome placer tu corazón en los días de tu adolescencia; y anda en los caminos de tu corazón y en la vista de tus ojos; pero sabe, que sobre todas estas cosas te juzgará Dios" (vea 7:6: Is. 16:10; Stg. 4:9).

Paralelamente con ese juicio, el gozo del mundo puede ser muy engañoso: "Hay camino que al hombre le parece derecho; pero su fin es camino de muerte. Aún en la risa tendrá dolor el corazón; y el término de la alegría es congoja (Pr. 14:12-13). Las personas constantemente quieren cosas, e impulsivamente se apuran para cumplir esos deseos solo para descubrir que su gozo pronto se convierte en pena. El gozo terrenal no dura más allá de los placeres a corto plazo. Es por eso que Job hace esta pregunta directa: "¿No sabes esto, que así fue siempre, desde el tiempo que fue puesto el hombre sobre la tierra, que la alegría de los malos es breve, y el gozo del impío por un momento?" (Job 20:4-5).

Gratitud en medio del gozo verdadero

En contraste con el gozo terrenal, el verdadero gozo espiritual del creyente es sobrenatural. El gozo bíblico es sumamente superior al gozo mundano y a cualquier de sus explicaciones sicológicas y materialistas. El apóstol Pablo en Gálatas 5:22 identifica el gozo como un aspecto del fruto del Espíritu. En Romanos 14:17 amplía la definición del gozo como un componente esencial del reino de Dios. Es un gozo espiritual que procede de Dios a través de Jesucristo, concedido por el Espíritu Santo. Y ninguna circunstancia en la vida, excepto cuando pecamos, debe quitarnos legítimamente nuestro gozo si de verdad conocemos y confiamos en el Señor. Aún cuando el pecado nos roba el gozo, esa experiencia no debe durar mucho porque tan pronto como confesamos nuestro pecado, Dios permite que nos gocemos en su perdón (1 Jn. 1:9).

Debido a que el verdadero gozo nos da la confianza de que Dios está soberanamente manifestando todas las cosas para nuestro bien y para su gloria, tenemos abundantes razones para regocijarnos y dar gracias al Señor por lo que está haciendo en nuestra vida. Las siguientes son algunas de las razones por las que quienes conocemos a Cristo debemos regocijarnos constantemente.

Primero, debemos tener gozo porque *el gozo es un acto de respuesta adecuada al carácter de Dios.* El gozo se origina porque sabemos que Dios es soberano, misericordioso, amante, compasivo, bondadoso, omnipotente, omnisciente y omnipresente. Porque Él procura nuestro bienestar, podemos tener confianza en medio de todas las cosas que Él pone en nuestro camino. Eso está basado en un conocimiento profundo y sincero de Dios que se percata de que cuando las personas hacen las cosas para mal, Dios las encamina para bien (Gn. 50:20). Tenemos la confianza de que Él obra todas las cosas para el bien de los que le aman (Ro. 8:28). No podemos gozarnos siempre solo en nuestras circunstancias, pero sí podemos regocijarnos siempre en el Dios que controla nuestras circunstancias.

Nuestro gozo en el carácter de Dios es acrecentado porque su carácter es inmutable. En verdad sería aterrador si Dios fuera caprichoso y jamás pudiéramos confiar en sus palabras y acciones. Pero Dios no es así. Su gracia es siempre dispensada de manera congruente. Su justicia es siempre correcta e imparcial. Siempre cumple lo que promete. Santiago 1:17 nos asegura esas verdades: "Toda buena dádiva y todo don perfecto desciende de lo alto, del Padre de las luces, en el cual no hay mudanza, ni sombra de variación".

En segundo lugar, los cristianos debemos regocijarnos porque el *gozo es una respuesta apropiada a la obra de Cristo.* Al recordar que "siendo aún pecadores, Cristo murió por nosotros" (Ro. 5:8), debemos inmediatamente alabarlo y darle las gracias con un corazón gozoso. Es importante recordar las palabras de Pedro: "sabiendo que fuisteis rescatados de vuestra vana manera de vivir, la cual recibisteis de vuestros padres, no con cosas corruptibles, como oro o plata, sino con la sangre preciosa de Cristo, como de un cordero sin mancha y sin contaminación" (1 P. 1:18-19) y que Cristo es "quien llevó él mismo nuestros pecados en su cuerpo sobre el madero, para que nosotros, estando muertos a los pecados, vivamos a la justicia; y por cuya herida fuisteis sanados" (1 P. 2:24), y que "la sangre de Jesucristo, su Hijo nos limpia de todo pecado" (1 Jn. 1:7), y que Dios lo planeó todo "según nos escogió en él antes de la fundación del mundo, para que fuésemos santos y sin mancha delante de él, en amor habiéndonos predestinado para ser adoptados hijos suyos por medio de Jesucristo, según el puro afecto de su voluntad" (Ef. 1:4-5). Cuando entendemos todo lo que Cristo ha hecho por nosotros y que el cielo es eternamente nuestro, tenemos un gozo permanente que ninguna circunstancia trivial y pasajera debe afectar.

En tercer lugar, debemos tener un gozo espiritual incesante *como una demostración de confianza en la obra del Espíritu Santo*. Además de darnos el don del gozo (Ro. 14:17; Gá. 5:22), el Espíritu constantemente nos está mostrando las cosas de Cristo y haciéndonos más semejantes al Salvador: "Por tanto, nosotros todos, mirando a cara descubierta como en un espejo la gloria del Señor, somos transformados de gloria en gloria en la misma imagen, como por el Espíritu del Señor" (2 Co. 3:18). En nuestra propia fuerza y sabiduría no podemos conocer la mente de Dios, pero el Espíritu que vive en nosotros (Ro. 8:9-10) nos ayuda a comprender las cosas espirituales (1 Co. 2:10-16). El Espíritu Santo nos guía a toda la verdad (Jn. 16:13) y nos enseña y nos recuerda todo lo que necesitamos saber en la vida cristiana (Jn. 14:26). El Espíritu es la paga y señal, el primer plazo de nuestra herencia eterna (Ef. 1:13-14). Y tenemos la confianza de que cada día Él intercede delante del trono de la gracia en nuestro beneficio (Ro. 8:26-27).

En cuarto lugar, debemos tener gozo *porque es una respuesta razo-*

nable a las continuas bendiciones espirituales. El derramamiento de Dios de las bendiciones espirituales para los creyentes jamás se detiene, como lo señala Efesios 1:3 cuando dice: "Bendito sea el Dios y Padre de nuestro Señor Jesucristo, que nos bendijo con toda bendición espiritual en los lugares celestiales en Cristo".

Puede ser que no sintamos siempre que nuestra vida es especialmente bendecida día tras día, pero si solo nos detenemos y consideramos algunas de las maneras en las que el Señor es bueno con nosotros, no podríamos dejar de regocijarnos. Por ejemplo, cada vez que pecamos dicha falta es perdonada al instante. Cada vez que Dios nos refina mediante las pruebas, nos expone a la enseñanza bíblica sólida, y nos moldea más según la imagen de Cristo, debía ser una razón para que lo alabemos. Cada vez que Dios nos hace andar seguros un día más y nos libra de algún terrible desastre o de extremada agonía, experimentamos la bendición de su misericordia. Dios también está planificando bendiciones futuras, como la de preparar un lugar para nosotros en el cielo (Jn. 14:2-3).

Todos los innumerables favores, visibles e invisibles, que Dios hace por nosotros a través de nuestra vida son evidencias de que sus hijos son abundantemente bendecidos. Y esas bendiciones significan que debemos expresar verdadero gozo espiritual cada día y nunca darlas por sentado ni cuestionar sus beneficios en ayudarnos a crecer.

Una quinta razón para manifestar gozo es que *este es una respuesta adecuada a la providencia de Dios*. La providencia divina es simplemente la manera cómo Dios organiza todas las circunstancias para realizar el mayor bien para los creyentes. Es en un alto grado el método más común que usa para ordenar y controlar los sucesos humanos temporales. Cuando consideramos que Dios produce millones de detalles y de situaciones para realizar su propósito perfecto, el vasto espectro de providencia es un milagro mucho más grande que esos acontecimientos sobrenaturales aislados que generalmente llamamos milagros.

¡Qué confianza tan firme y cuán profunda es nuestra seguridad al saber que el Señor, a través de todas las infinitas contingencias, soberanamente controla todo el universo! Además, Él también misericordiosamente controla todos los sucesos específicos en nuestra vida personal, que continuamente renuevan nuestra fe y nuestro gozo en Él.

En sexto lugar, los cristianos debemos tener gozo porque este es *una respuesta adecuada a la promesa de la gloria futura*. Como señalé en la introducción a mi libro *La gloria del cielo* (Grand Rapids, Mich.: Editorial Portavoz, 1997), los creyentes de hoy no estamos suficientemente cautivados con la perspectiva del gozo de que un día entraremos en el cielo y habitarán en su gloria por toda la eternidad. Nos acomodamos tanto con los goces temporales de esta vida, o tan enlodados con sus dificultades, que nos olvidamos de que somos unos simples peregrinos: "porque esperaba la ciudad que tiene fundamentos, cuyo arquitecto y constructor es Dios" (He. 11:10; vea 13:14).

Una vez que nos acostumbramos a permanecer regularmente en las glorias de lo que está por venir, los problemas y las luchas de la vida, incluyendo las cuestiones triviales diarias, todas ellas, en comparación se disuelven en la insignificancia (vea Ro. 8:18). Cuando el apóstol Pablo en Colosenses 3:2 nos dice: "Poned la mira en las cosas de arriba, no en las de la tierra", su propósito es que sea un ejercicio gozoso que libere nuestra mente de toda la bagatela debilitadora de la tierra, cosas que de todos modos no son importantes para la eternidad. Esas preocupaciones temporales jamás deben ahogar nuestro gozo espiritual.

Durante el tiempo en que mi hermana sufría de cáncer mortal (pasó a la presencia del Señor en el 1997 y ahora conoce personalmente el gozo del cielo), nos hablábamos frecuentemente por teléfono. En una de esas llamadas hace varios años, le dije: "Bien, Julie, lo peor que te puede suceder es lo mejor que le puede pasar a cualquier persona". Ella contestó: "Lo sé, jamás lo he dudado".

Entonces añadí: "¿Sabes que vas a estar en la presencia del Señor, en las glorias del cielo?"

A eso, ella respondió: "Y esa es mi confianza". Entonces me dijo que en aquel día el hospital había enviado a un psiquiatra y a alguien más para decirle que querían ponerla en un grupo de terapia especial. Esperaban ayudarla a ponerse en contacto con su "niñez interior".

Mi hermana reaccionó frente a esa idea diciéndole al personal del hospital: "No gracias, no necesito ponerme en contacto con mi niñez interior. Estoy en contacto con mi Señor Jesucristo, y todo está bien".

Podemos enfrentarnos a cualquier situación con esa clase de esperanza en nuestro corazón. Sencillamente no debemos turbarnos demasiado con respecto a cualquier cosa que nos sucede en la tierra porque aquí todo es tan temporal. Los sucesos de esta vida hacen que el cielo sea más atractivo y maravilloso.

Una séptima razón por la que debemos tener gozo es porque *eso demuestra gratitud por las oraciones contestadas.* Jesús dijo: "Hasta ahora nada habéis pedido en mi nombre; pedid, y recibiréis, para que vuestro gozo sea cumplido" (Jn. 16:24). El Señor siempre ha contestado nuestras peticiones e intercesiones de maneras totalmente consonantes con su voluntad (1 Jn. 5:14-15). Lo ha hecho en innumerables ocasiones para que por todas nuestras oraciones contestadas, y por las que no han sido contestadas, nuestro gozo esté intacto.

Además, el verdadero gozo demuestra *una gratitud genuina y un verdadero aprecio por la Palabra de Dios*. Al final del capítulo 6 expusimos cuán preciosa es la Biblia para nuestro crecimiento espiritual. Esa verdad debe protegernos de jamás abandonar nuestra actitud de gozarnos delante del Señor. Su bondad y misericordia al darnos la Palabra debe hacernos repetir las palabras de David: Los mandamientos de Jehová son rectos, que alegran el corazón; el precepto de Jehová es puro, que alumbra los ojos" (Sal. 19:8, vea Sal. 119:14, 24, 70, 97, 103, 111, 127, 140, 162). El profeta Jeremías expresó sentimientos similares, que deben animarnos aún más a agradecer la verdad de Dios: "Fueron halladas tus palabras, y yo las comí; y tu palabra me fue por gozo y por alegría de mi corazón; porque tu nombre se invocó sobre mí, oh Jehová Dios de los ejércitos" (Jer. 15:16).

El Nuevo Testamento también da testimonio del gozo que debe ser nuestro en respuesta a la Palabra de Dios. El apóstol Juan, en la introducción a su primera epístola, dice: "Estas cosas os escribimos, para que vuestro gozo sea cumplido" (1 Jn. 1:4). El sabía que las Escrituras producirían el aprecio y el gozo más profundo en sus lectores mientras que agradecen al Señor por todo lo que Él les ha dado.

Finalmente, *el aprecio por la comunión cristiana* debe siempre producir gozo en nosotros. Pablo dijo a los tesalonicenses: "Por lo cual, ¿qué acción de gracias podremos dar a Dios por vosotros, por todo el gozo con que nos gozamos a causa de vosotros delante de nuestro Dios?" (1 Ts. 3:9).

¿QUÉ SUCEDE SI FALTA EL GOZO?

A pesar de todas las razones bíblicas para obedecer el mandato de Dios a regocijarse sinceramente siempre, todos los creyentes experimentaremos tiempos cuando nos faltará el gozo en nuestra vida. Pablo manda a todos los creyentes, diciendo: "Examinaos a vosotros mismos si estáis en la fe; probaos a vosotros mismos. ¿O no os conocéis a vosotros mismos, que Jesucristo está en vosotros, a menos que estéis reprobados?" (2 Co. 13:5). Si el gozo está ausente de su vida, hay numerosas maneras de descubrir las razones.

Primero, podría ser que usted *no conoce al Señor*. Podría estar confiando en una falsa seguridad de salvación. Eso es lo que Jesús dijo a los discípulos cuando interpretó la parábola del sembrador: "Y el que fue sembrado en pedregales, éste es el que oye la palabra, y al momento la recibe con gozo; pero no tiene raíz en sí, sino que es de corta duración, pues al venir la aflicción o la persecución por causa de la palabra, luego tropieza" (Mt. 13:20-21; vea los vv. 5-6). Algunas veces, cuando las personas oyen el evangelio por primera vez, hay un sentido emocional de gozo inmediato y un realce psicológico, pero eso no dura. Si una persona lucha constantemente por tener gozo y es incapaz de controlar los desafíos de la vida, podría ser que realmente no conoce a Cristo. De ser así, necesita prestar atención al mandamiento de Pablo en 2 Corintios 13:5, arrepentirse y creer.

En segundo lugar, usted puede estar falto de gozo porque *está bajo una muy severa tentación*. El apóstol Pedro escribe: "Sed sobrios, y velad; porque vuestro adversario el diablo, como león rugiente, anda alrededor buscando a quien devorar" (1 P. 5:8). Nada agrada más a Satanás que ser capaz de robarle el gozo durante los tiempos de severa tentación. La solución es no permitir que sus preocupaciones se conviertan en tentaciones: "echando toda vuestra ansiedad sobre él, porque él tiene cuidado de vosotros" (1 P. 5:7).

A veces usted no tiene gozo porque *alberga expectaciones falsas e irreales*. Con frecuencia los cristianos pensamos que merecemos más bendiciones de las que tenemos, cuando en realidad ya tenemos muchas más de las que merecemos. Antes de venir a Cristo, como todos los pecadores perdidos, merecíamos la ira de Dios y una eternidad en el infierno. "Mas Dios muestra su amor para con nosotros, en que siendo aún pecadores, Cristo murió por nosotros. Pues mucho más, estando ya justificados en su sangre, por él seremos salvos de la ira" (Ro. 5:8-9). Los que no merecemos nada tenemos razones de sobra para regocijarnos y estar agradecidos por las muchas bendiciones que el Señor nos da.

Las falsas expectaciones están directamente relacionadas con el orgullo y el *pecado del orgullo* es otra razón común por la que usted podría no experimentar el gozo. Más concretamente, me refiero al horrible pecado de la insatisfacción con sus posesiones. La cultura occidental, con su énfasis en el materialismo y la avaricia promueve esta mentalidad. Los modelos atractivos aparecen en los comerciales televisivos y lo hacen sentir infeliz con su propia imagen o la de su cónyuge. Los anunciantes promueven sus automóviles, sus equipos electrónicos, sus vacaciones y los electrodomésticos en un intento por hacer que usted se sienta insatisfecho con lo que tiene ahora, o con lo que no tiene.

Nuestro orgullo, si no se controla, puede hacer que nos rindamos ante las influencias mundanas. Entonces nos impulsarán a ir en pos de cosas temporales, y terminamos renunciando a nuestro gozo y a nuestro contentamiento cambiándolo por la frustración y la insatisfacción.

La falta de oración también nos puede robar el gozo. Si usted deja de prestar atención a 1 Pedro 5:7 cuando confronta pruebas y dificultades, dé por seguro que perderá el sentido del gozo que Dios quiere que tenga. Sencillamente no necesita llevar la totalidad de la carga sobre usted mismo: "Por nada estéis afanosos, sino sean conocidas vuestras peticiones delante de Dios en toda oración y ruego, con acción de gracias. Y la paz de Dios, que sobrepasa todo entendimiento, guardará vuestros corazones y vuestros pensamientos en Cristo Jesús" (Fil.4:6-7).

Joseph Scriben, en la primera estrofa de su conocido himno "Oh que amigo nos es Cristo", correctamente expresa la importancia de la oración y destaca lo que sucede cuando esta falta:

¡Oh qué amigo nos es Cristo! Él llevó nuestro dolor,
Él nos manda que llevemos todo a Dios en oración,
¿Vive el hombre desprovisto de paz, gozo y santo amor?
Esto es porque no llevamos todo a Dios en oración.

Finalmente, el principal contribuyente a la falta de gozo es la *ignorancia*. Si verdaderamente usted está creciendo en Cristo tendrá verdadero gozo espiritual. Por otro lado, si vive mediante impulsos y sentimientos subjetivos, tendrá gran dificultad en mantener el gozo. Es imperativo que usted controle sus emociones, y eso puede suceder solo cuando llene su mente de la sana doctrina, la crea de todo corazón y camine mediante el Espíritu Santo.

El mundo se deleita en actuar sobre la base de lo que produce placer. Pero el Señor tiene un criterio mucho más elevado para los creyentes, como lo expresa el apóstol Pablo: "No os conforméis a este siglo, sino transformaos por medio de la renovación de vuestro entendimiento, para que comprobéis cuál sea la buena voluntad de Dios, agradable y perfecta" (Ro. 12:2). Cuando eso es verdad, responderemos gozosa e inteligentemente a todo lo que el Señor tiene para nosotros.

Si nuestra mente está plena y constantemente informada de la verdad de Dios, y si adoptamos un hábito pequeño, pero significativo de la iglesia primitiva, indudablemente estaríamos más conscientes de la importancia del gozo. El saludo acostumbrado entre los creyentes de la iglesia primitiva era la expresión griega *chairete*, que literalmente significa "regocíjate". Jesús dio origen a ese saludo la mañana de la resurrección, cuando se encontró con algunas de las mujeres que acababan de oír la noticia de su resurrección de los muertos: "He aquí, Jesús les salió al encuentro, diciendo: ¡Salve! [regocijaos] y ellas acercándose, abrazaron sus pies, y le adoraron" (Mt. 28:9). Ese ciertamente era el saludo apropiado porque el Señor buscaba consolar y animar a sus seguidores con su presencia, que era una clara e irrefutable evidencia de su resurrección.

"Regocijaos", algo que entre los creyentes es un saludo mucho más significativo que el rutinario "hola" o "buenos días", se convirtió en la forma común de saludar de los cristianos de la iglesia primitiva. Estaban conscientes de que el gozo es un mandamiento, y siempre había una razón para que ellos se regocijaran a medida que la iglesia crecía y maduraba. Con todas las riquezas que son nuestras en Cristo, también tenemos todo tipo de razón para regocijarnos. Quizá nuestro propio uso regular del saludo "regocijaos" nos hará recordar más frecuentemente el mandato bíblico de que nuestro gozo debe ser grande y siempre evidente.

9

SIEMPRE HAY LUGAR PARA LA GRATITUD

La ingratitud es una de las actitudes más horribles que una persona puede poseer. El Evangelio de Lucas establece ese punto en un fascinante pasaje que ha quedado claramente grabado en mi mente desde la primera vez que lo leí hace muchos años. Es la historia de los diez leprosos:

> *"Yendo Jesús a Jerusalén, pasaba entre Samaria y Galilea. Y al entrar en una aldea, le salieron al encuentro diez hombres leprosos, los cuales se pararon de lejos y alzaron la voz, diciendo: ¡Jesús, Maestro, ten misericordia de nosotros! Cuando él los vio, les dijo: Id, mostraos a los sacerdotes. Y aconteció que mientras iban, fueron limpiados. Entonces uno de ellos, viendo que había sido sanado, volvió, glorificando a Dios a gran voz, y se postró rostro en tierra a sus pies, dándole gracias; y éste era samaritano. Respondiendo Jesús, dijo: ¿No son diez los que fueron limpiados? Y los nueve, ¿dónde están? ¿No hubo quien volviese y diese gloria a Dios sino este extranjero? Y le dijo: Levántate, vete; tu fe te ha salvado".*
>
> *(17:11-19)*

En aquellos tiempos los leprosos eran aislados en colonias, a cierta distancia de las ciudades y los pueblos porque su terrible enfermedad era muy contagiosa. Es por eso que en el relato de Lucas el grupo con frecuencia se mantenía a una distancia considerable cuando Jesús y sus acompañantes entraron en la ciudad.

El aparentemente extraño mandato de Jesús a los hombres a mostrarse al sacerdote era parte del proceso normal, como lo establece la ley de Moisés, para tratar con la lepra y para asistir en la recuperación de esta. Cuando una persona estaba segura de que estaba curada de la enfermedad debía someterse a una ceremonia de purificación del sacerdote para asegurar, tanto como fuera posible en tiempos antiguos, que la persona en realidad estaba curada y podía reincorporarse a la sociedad normal. En este estupendo relato, la curación ocurrió milagrosa e inequívocamente cuando los hombres ejercitaron fe y fueron a ver al sacerdote.

Es casi inconcebible que alguien pudiera ser curado de una terrible enfermedad tal como la lepra, que aislaba a un hombre o una mujer de su familia y de sus amigos y lo separaba de los acontecimientos normales en la sociedad y en la sinagoga, y no sentirse abundante y permanentemente agradecido. Pero eso es exactamente lo que sucedió con nueve de los diez leprosos que Jesús sanó. Además, el hombre agradecido era un samaritano, lo que quiere decir que era de una raza mixta que se originó por la mezcla de judíos con cananeos y asirios. Los samaritanos eran despreciados por los judíos devotos, y como resultado se había desarrollado un odio mutuo entre ambos pueblos. Así que era en verdad sorprendente que un samaritano fuera el único que regresó, se postró a los pies de Jesús, un judío, para darle las gracias.

La historia de los diez leprosos es una poderosa ilustración de cuán terrible es el pecado de la ingratitud. Pero la actitud de la ingratitud exhibida por los nueve leprosos no es tan inesperada de quienes no tienen una relación salvadora con Cristo. En la acusación que apóstol Pablo hace a la humanidad incrédula y a su sociedad pecaminosa en Romanos 1:18-23, su inculpación es muy específica. El versículo 21 comienza con la frase "habiendo conocido Dios" que significa que todos los que vienen a este mundo saben acerca de Dios, aún cuando no tienen una fe personal salvadora en Él. Pero a continuación Pablo dice: "no le glorificaron como a Dios, *ni le dieron gracias*" (cursivas añadidas). La persona ingrata repudia la noción misma de la gracia, la inmerecida bondad otorgada por Dios. De modo que la ingratitud es un pecado que caracteriza al no regenerado, y encabeza la lista de Dios de los terribles pecados en Romanos 1.

Posteriormente, Pablo reforzó esa verdad cuando le dijo a Timoteo: "También debes saber esto: que en los postreros días vendrán tiempos peligrosos. Porque habrá hombres amadores de sí mismos, avaros, vanagloriosos, soberbios, blasfemos, desobedientes a los padres, ingratos, impíos" (2 Ti. 3:1-2). Al final de los tiempos, la ingratitud continuará caracterizando a las personas, mucho más de lo que ocurre ahora. Por ejemplo, los inconversos contemporáneos parecen estar constantemente amargados o quejumbrosos de sus circunstancias, esperando algún "golpe de suerte" para cambiar el destino de su vida o desengañada o fatalistamente podrían aceptar lo que sucediera, afirmando que no pueden, en ningún caso, cambiar las cosas. O egoístamente podrían agradecerse a sí mismos por lo que son y lo que tienen, pensando que todas las cosas en la vida de ellos resultan solo de sus propios esfuerzos. No importa cómo se manifieste la ingratitud o la ausencia de gratitud siempre ha sido una característica que Dios repudia. Los creyentes, por lo tanto, debemos esforzarnos continuamente por ser agradecidos en medio de cualquier circunstancia.

EL MANDATO A SER AGRADECIDOS

Como cristianos, podemos comprender que los nueve leprosos que no conocían a Cristo como Señor y Salvador fueran ingratos y que la cultura inconversa que nos rodea se caracterice por la ingratitud. Es casi imposible, sin embargo, comprender o aceptar un creyente ingrato cuando consideramos todo lo que el Señor ha hecho por los suyos. En realidad, tal como lo vimos en el capítulo anterior acerca del gozo, una actitud de gratitud no puede ser ignorada por los creyentes porque la Palabra de Dios lo manda: "Dad gracias en todo, porque esta es la voluntad de Dios para con vosotros en Cristo Jesús" (1 Ts. 5:18).

El precedente de ese mandamiento fue establecido en el Antiguo Testamento. Las ofrendas de gratitud o paz (Lv. 3:1-17; 7:11-36) fueron diseñadas para recordarle al pueblo de Dios de su necesidad de ser agradecido a Él. Debían traerle un manojo de grano y un poco de aceite y vino como ofrendas de gratitud. Esos eran símbolos de toda la provisión del Señor y recordatorios tangibles de que los creyentes necesitan agradecerle regularmente por su gracia y por su misericordia al darles todo lo que tienen. La iglesia de hoy tiene una ordenanza que cumple el mismo propósito. En la Comunión, o la Mesa del Señor, combinamos elementos de la ofrenda de gratitud como también elementos de la ofrenda por el pecado al darle las gracias a Dios por todo lo que la muerte de Cristo consiguió. Cuando observamos esa ordenanza esencialmente estamos presentando una ofrenda de gratitud.

El mandamiento del apóstol Pablo en 1 Tesalonicenses 5:18 nos dice: "Dad gracias en todo" significa que la gratitud del creyente debe estar conectada con todo lo que sucede en la vida, no importa si es algo agradable o desagradable. Y, como ocurre con el gozo, la única cosa que legítimamente ahogará nuestra actitud de acción de gracias es el pecado no confesado. No importa cuál sea la situación o la prueba, siempre hay razón para dar gracias al Señor.

Si verdaderamente conocemos a Dios, sabemos que está revelando su plan de acción y su propósito en nuestra vida. Él ha determinado soberanamente cada aspecto de su plan para nosotros para que seamos beneficiados y que Él sea glorificado (vea Ro. 8:28). No debemos sorprendernos ni debemos ser ingratos cuando experimentamos pruebas porque sabemos que Dios ve perfectamente el resultado final (vea 1 P. 4:12-13).

Efesios 5:18-20 reitera el mandato a ser agradecidos: "No os embriaguéis con vino, en lo cual hay disolución; antes bien sed llenos del Espíritu, hablando entre vosotros con salmos, con himnos y cánticos espirituales, cantando y alabando al Señor en vuestros corazones; dando siempre gracias por todo al Dios y Padre, en el nombre de nuestro Señor Jesucristo". Una actitud completa y congruente de alabanza y gratitud no es posible en nuestra propia fuerza. Pero si permitimos que el Espíritu de Dios que habita en nosotros haga su obra a través de nosotros y nos revista de su poder, Él nos capacitará para dar gracias cada día por cualquier cosa que el Señor traiga a nuestra vida.

Sin la persona y la obra de Cristo, no podríamos ni siquiera considerar la expresión práctica de la gratitud. Pero debido a que el Señor significa tanto para nosotros, Pablo nos instruye a ser agradecidos en maneras congruentes con quien Jesús es y con lo que Él ha hecho.

Por supuesto, el objeto final de toda nuestra gratitud es Dios el Padre. No podemos ignorar la verdad crucial de que Dios desea una ofrenda continua de gratitud (vea Sal. 30, 92, 95, 98, 100, 105, 118; He. 13:15). La misma inclusión del nombre de Dios en Efesios 5:20 debía ser un recordatorio de su bondad para sus hijos y del interminable número de bendiciones que Él fielmente les envía (Stg. 1:17).

Además del mandato directo en 1 Tesalonicenses 5 y en Efesios 5, las otras epístolas de Pablo están llenas de referencias que señalan la importancia de la gratitud en la vida de la iglesia.

En medio del contexto de otros asuntos, 1 Corintios 14:16-17 dice: "Porque si bendices sólo con el espíritu, el que ocupa lugar de simple oyente, ¿cómo dirá el Amén a tu acción de gracias? pues no sabe lo que has dicho. Porque tú, a la verdad, bien das gracias; pero el otro no es edificado". Evidentemente la iglesia en Corinto, y las otras establecidas por Pablo, dedicaban un segmento del culto de adoración normal dedicado a dar gracias públicamente.

Pablo prosiguió a recordar a los creyentes corintios la importancia de la gratitud. Segunda Corintios 4:15 dice: "Porque todas estas cosas padecemos por amor a vosotros, para que abundando la gracia por medio de muchos, la acción de gracias sobreabunde para gloria de Dios". Esto realmente resume el propósito del ministerio total de Pablo. Él resistió todos los sufrimientos y contratiempos para que el evangelio fuera ampliamente proclamado y redundara en mucha acción de gracias para la gloria de Dios.

A medida que el mensaje de la gracia salvadora se esparce, es como si cada conversión añadiera un nuevo miembro al coro celestial en el que cada uno es siempre desbordado de una actitud de gratitud. Y esa debía ser la norma para los creyentes. Es tan decepcionante estar cerca de los que profesan ser cristianos que siempre están estresados, insatisfechos, deprimidos y generalmente descontentos con sus circunstancias. En cambio, deberían seguir el modelo bíblico y dar gracia a Dios diariamente por su gracia incomparable.

Además en 2 Corintios, cuando Pablo resume su enseñanza con respecto a ofrendar, también relaciona ese principio con el tema de dar gracias:

> *"Y poderoso es Dios para hacer que abunde en vosotros toda gracia, a fin de que, teniendo siempre en todas las cosas todo lo suficiente, abundéis para toda buena obra; como está escrito: Repartió, dio a los pobres; Su justicia permanece para siempre. Y el que da semilla al que siembra, y pan al que come, proveerá y multiplicará vuestra sementera, y aumentará los frutos de vuestra justicia, para que estéis enriquecidos en todo para toda liberalidad, la cual produce por medio de nosotros acción de gracias a Dios. Porque la ministración de este servicio no solamente suple lo que a los santos falta, sino que también abunda en muchas acciones de gracias a Dios; pues por la experiencia de esta ministración glorifican a Dios por la obediencia que profesáis al evangelio de Cristo, y por la liberalidad de vuestra contribución para ellos y para todos; asimismo en la oración de ellos por vosotros, a quienes aman a causa de la superabundante gracia de Dios en vosotros. ¡Gracias a Dios por su don inefable!"*
>
> *(2 Co. 9:8-15)*

Ese pasaje concluye la sección de las instrucciones de Pablo respecto de las ofrendas de los creyentes y especialmente la participación de los corintios en la ofrenda que era recogida para los santos necesitados en Jerusalén. En resumen, Pablo dice que cuando los creyentes invierten generosamente en el reino de Dios, el Señor derrama sobre ellos ricos dividendos, y los creyentes le dan gracias, lo cual resulta en mucha gloria para su nombre. La gratitud es realmente multiplicada, y eso se convierte en más gloria para Dios. Por ejemplo en 2 Corintios 9, la iglesia estaba recibiendo el dinero de los creyentes, algo que se convertía en un ministerio que haría que otros creyentes, los judíos cristianos en Jerusalén dieran gracias a Dios. Los judíos darían gracias a Dios porque la salvación de los corintios era genuina, cosa que se reflejaba en la generosidad de sus contribuciones. Dios es digno de que se le dé gracias, y desea oír nuestra gratitud por todas las cosas.

En resumen, al leer las cartas de Pablo, es evidente que, bajo la dirección del Espíritu Santo, él destaca constantemente el mandamiento de que los creyentes siempre deben manifestar gratitud. El apóstol sistemáticamente relaciona esta columna esencial del carácter cristiano con cada aspecto del comportamiento, como lo manifiestan los siguientes pasajes:

> *"Por nada estéis afanosos, sino sean conocidas vuestras peticiones delante de Dios en toda oración y ruego, con acción de gracias".*
>
> *(Fil. 4:6)*

> *"Por tanto, de la manera que habéis recibido al Señor Jesucristo, andad en él; arraigados y sobreedificados en él, y confirmados en la fe, así como habéis sido enseñados, abundando en acciones de gracias".*
>
> *(Col. 2:6-7)*

> *"Y la paz de Dios gobierne en vuestros corazones, a la que asimismo fuisteis llamados en un solo cuerpo; y sed agradecidos. La palabra de Cristo more en abundancia en vosotros, enseñándoos y exhortándoos unos a otros en toda sabiduría, cantando con gracia en vuestros corazones al Señor con salmos e himnos y cánticos espirituales. Y todo lo que hacéis, sea de palabra o de hecho, hacedlo todo en el nombre del Señor Jesús, dando gracias a Dios Padre por medio de él".*
>
> *(Col. 3:15-17)*

> *"Amos, haced lo que es justo y recto con vuestros siervos, sabiendo*

> *que también vosotros tenéis un Amo en los cielos. Perseverad en la oración, velando en ella con acción de gracias".*
>
> *(Col. 4:1-2)*

LOS IMPEDIMENTOS DE LA GRATITUD

Cuando nos encontramos siempre batallando por tener una actitud de gratitud, necesitamos considerar qué puede estar obstaculizándonos.

Primero, la ausencia de una actitud de gratitud bien podría significar que en *realidad no somos salvos*. Si no podemos encontrar ninguna causa en nuestro corazón para una acción de gracias constante a Dios, quizá necesitamos nacer de arriba (vea de nuevo 2 Co. 13:5).

Una segunda cosa que puede impedir una actitud de gratitud es la *duda tocante al poder soberano de Dios*. Si no estamos conscientes o no aceptamos la verdad de que Dios controla todas las cosas, de que Él es infinitamente sabio y que lo conoce todo, que Él verdaderamente ama a los suyos, o que genuinamente tiene en mente nuestros mejores intereses y que sinceramente quiere conformarnos a la imagen de su Hijo, entonces es probable que no seamos agradecidos. Aún si entendemos esas verdades, podemos olvidarnos de algunas de ellas, y eso también nos impide ser agradecidos.

Meditar en el potente, aunque ignorado pasaje de 1 Crónicas 29:10-14 puede ayudarnos a remediar cualquier duda u olvido que podamos tener tocante al Señor. La soberanía de Dios formaba parte de la gran oración de acción de gracias de David y de su compromiso después de que el pueblo diera tan generosamente de su riqueza para la edificación del templo:

> *"Asimismo se alegró mucho el rey David, y bendijo a Jehová delante de toda la congregación; y dijo David: Bendito seas tú, oh Jehová, Dios de Israel nuestro padre, desde el siglo y hasta el siglo. Tuya es, oh Jehová, la magnificencia y el poder, la gloria, la victoria y el honor; porque todas las cosas que están en los cielos y en la tierra son tuyas. Tuyo, oh Jehová, es el reino, y tú eres excelso*

> *sobre todos. Las riquezas y la gloria proceden de ti, y tú dominas sobre todo; en tu mano está la fuerza y el poder, y en tu mano el hacer grande y el dar poder a todos. Ahora pues, Dios nuestro, nosotros alabamos y loamos tu glorioso nombre. Porque ¿quién soy yo, y quién es mi pueblo, para que pudiésemos ofrecer voluntariamente cosas semejantes? Pues todo es tuyo, y de lo recibido de tu mano te damos".*

El *egoísmo y la mundanalidad* también pueden ser grandes obstáculos para una actitud de gratitud. Esos pecados pueden alejarnos de la gratitud en esencialmente la misma manera como las falsas esperanzas y el orgullo nos impiden regocijarnos. El egoísmo jamás es satisfecho con lo que Dios ha provisto. Esa actitud antepone nuestra voluntad a la de Dios y exige que Dios cumpla todos nuestros deseos.

El egoísmo con frecuencia está motivado por la cultura mundanal, que afirma que sus placeres, posesiones, lugares, negocios, prestigio y sus relaciones humanas son la clave de la verdadera felicidad. Si la avaricia y el materialismo nos controlan, tendremos una gran dificultad para ser agradecidos porque siempre queremos más y lo que tenemos nunca será lo correcto. Sin embargo, si humildemente nos sometemos a lo que sea la voluntad de Dios para nosotros y creemos que Él nos dará lo que necesitamos, es mucho más fácil para nosotros darle las gracias en todo tiempo.

Esperanzas egoístas e irreales conducen a otra actitud que impide la gratitud y esta es *un espíritu crítico*. Nos convertimos en censuradores cuando pensamos que debemos controlarlo todo. Pero cuando no podemos siempre manipular los resultados que deseamos (vea Stg. 4:13-16) comenzamos a ver todas las cosas negativamente y a encontrar faltas en todos los demás. Si no se controla, tal actitud se convertirá en un hábito corrosivo terrible que destruirá nuestra gratitud y devorará todos los otros aspectos de nuestra espiritualidad.

La *impaciencia* es otro obstáculo a la gratitud. La preocupación aquí no es con lo que queremos o no queremos, sino impaciencia con el tiempo establecido por Dios. Necesitamos permitir que Dios manifieste su propósito según su tiempo previsto y ser agradecidos por su plan (vea Sal. 37:7; 40:1; Ec. 7:8; Lc. 8:15; 1 Ts. 5:14; Tit. 2:2; He. 12:1; 2 P. 1:6; Ap. 2:2-3).

Ser espiritualmente tibio es otra manera de ahogar la gratitud. Si nos falta el celo por Dios, la diligencia en su Palabra, la pasión en la oración, el interés en la adoración, y una mayordomía disciplinada sobre el uso de nuestro tiempo, rápidamente perderemos la razón y la motivación para dar las gracias a Dios. Y si no hay arrepentimiento de ese pecado, las consecuencias de una actitud tibia pueden ser mucho más serias que la pérdida de gratitud. El Señor Jesús, en su carta a la iglesia en Laodicea, pronuncia esta advertencia que nos hace reflexionar: "Yo conozco tus obras, que ni eres frío ni caliente. ¡Ojalá fueses frío o caliente! Pero por cuanto eres tibio, y no frío ni caliente, te vomitaré de mi boca" (Ap. 3:15-16).

Finalmente, la actitud de mayor fuerza que se opone a la gratitud es la *rebeldía*. Hace varios años recibí una carta de una mujer que quería que yo le escribiera a su marido que había estado en rebelión contra Dios durante catorce años. Hubo un tiempo cuando había pensado que Dios quería que fuera un predicador. Pero después de implicarse en una pequeña iglesia, algo no ocurrió como él quería, y eso le produjo amargura contra Dios. Como resultado, se enfadó tanto que ni siquiera entró en esa iglesia ni en ninguna otra por catorce años. En lugar de deleitarse en el pecado de la amargura y la rebelión, debió de haber acudido al Señor en oración con preguntas tales como: "¿Dios, qué quieres decirme mediante esta prueba?" "¿Qué estás tratando de mostrarme?" "¿Qué puedo aprender y cómo puedo ser agradecido por esto?" Pero permitió que su pecado lo convirtiera en un ministro inservible que dañaba a su esposa y a otros y le impedía dar las gracias a Dios (vea Ef. 4:31; He 12:15).

EL EJEMPLO DE CONTENTAMIENTO DE PABLO

Todos esos obstáculos a la gratitud pueden entorpecer la relación de un cristiano con Dios, arruinar su comunión con otros creyentes y, a la postre, destruir una iglesia. Es por eso que es tan crucial que nos mantengamos espiritualmente vigilantes y que nos guardemos de cualquier actitud que nos impida ser agradecidos a Dios por todo lo que ha provisto para nuestra vida.

La mejor manera como podemos mantener una actitud de gratitud es permaneciendo contentos, que básicamente significa estar satisfechos con lo que somos en Cristo, con lo que Dios nos ha dado y con las circunstancias en las que el nos ha colocado.

En primer lugar, el contentamiento significa obedecer el mandamiento de las Escrituras al respecto: "Sean vuestras costumbres sin avaricia, contentos con lo que tenéis ahora; porque él dijo: No te desampararé, ni te dejaré" (He. 13.5).

El contentamiento también puede aprenderse mediante el seguimiento del ejemplo del apóstol Pablo, quien instruyó a Timoteo a poseerlo (1 Ti. 6:6-8) y lo practicó en su propia vida: "No lo digo porque tenga escasez, pues he aprendido a contentarme, cualquiera que sea mi situación, sé vivir humildemente, y sé tener abundancia; en todo y por todo estoy enseñado, así para estar saciado como para tener hambre, así para tener abundancia como para padecer necesidad" (Fil. 4:11-12).

Esa es la descripción perfecta del hombre satisfecho. El contentamiento de Pablo, sin embargo, no era el resultado de circunstancias perfectas. Cuando Pablo escribió a los filipenses, estaba en una prisión en Roma. Su predicación del evangelio, que había causado tanta conmoción entre judíos y gentiles, lo llevó a su encarcelamiento en una celda privada en la que estaba continuamente encadenado a un soldado romano. El apóstol estaba en condiciones extremadamente precarias, con acceso solo a las necesidades mínimas. Y el estar encadenado a un soldado era probablemente peor que estar en su propia celda con otros prisioneros. Pablo no tenía libertad ni movilidad, ni privacidad y, en su aislamiento de amigos y colaboradores, constantemente recibía un recordatorio de su situación. Mientras escribía Filipenses 4:11-12, cada movimiento de su mano hacia resonar la cadena con la que estaba encadenado al soldado.

Pero a pesar de la adversidad de su encarcelamiento, Pablo se atrevía a decir: "He aprendido a contentarme". Eso lo constituye en un modelo de contentamiento a imitar.

En Filipenses 4:11 Pablo usa el simple vocablo griego para contentamiento que significa "tener suficiente" o "ser suficiente". También se refiere a alguien que no necesita ayuda de ninguna clase. Exteriormente parece ridículo que Pablo, quien no tenía nada, podía afirmar confiadamente que no necesitaba nada. Aún así por la gracia de Dios había aprendido a contentarse.

Además, en el versículo 12 Pablo añadió: "he aprendido el secreto". En el griego, esa expresión significa ser iniciado en los secretos íntimos de una religión. En los días de Pablo se refería a aprender los secretos de una de las diferentes religiones de misterio. En síntesis, Pablo había aprendido el secreto del contentamiento. Ese secreto elude a la mayoría de las personas, pero no a nosotros como creyentes si solo mantenemos la actitud de gratitud.

El secreto de cómo estar contentos no debe eludirnos si nos percatamos de algunos de los principios que el apóstol Pablo siguió (vea también He. 13.5). Principalmente, no se preocupaba con respecto a seleccionar el significado de cada situación difícil porque sabía que la providencia de Dios estaba actuando: "porque Dios es el que en vosotros produce así el querer como el hacer, por su buena voluntad" (Fil. 2:13). Pablo también estaba firmemente comprometido con lo que el escritor de Proverbios había dicho siglos antes: "El corazón del hombre piensa su camino; mas Jehová endereza sus pasos" (16:9); "Muchos pensamientos hay en el corazón del hombre; mas el consejo de Jehová permanecerá" (19:21).

Pablo sabía que la narración inspirada del Antiguo Testamento, demostraba una y otra vez la soberanía de Dios a través de cualquier circunstancia. Dios usó la esclavitud de José en Egipto para elevarlo al cargo de primer ministro para que pudiera preservar a Israel. Dios obró a través de Rut para producir el linaje de David, lo que a la postre condujo al nacimiento del Mesías. Y Dios puso a Esther en el palacio de un rey pagano para desbaratar una conspiración que podía eliminar al pueblo judío. Y ahora Pablo sabía de su propia experiencia que Dios estaba en control de todo, lo cual resultó en su completo contentamiento y su acción de gracias.

El sentido del contentamiento de Pablo también se desarrolló mediante otras directrices importantes, notablemente su disposición y su habilidad de estar satisfecho con muy poco (1 Ti. 6:6-8), a vivir por encima de las circunstancias de la vida (2 Co. 12:10), a descansar solamente en el poder de Dios y en su provisión (Gá. 2:20; Ef. 3:16; Fil. 4.13), y estar completamente preocupado con el bienestar de otros (Fil. 2:3-4; 4:17). (Para una discusión más completa del contentamiento, ver mi libro *Anxiety Attacked* [La ansiedad enfrentada] (Wheaton, Ill.: Victor Books, 1993], 107-120.)

Esos aspectos de contentamiento ayudan a reforzar la actitud de la gratitud cristiana. Era suficiente para el apóstol Pablo que Dios había planificado todas las cosas en su vida y le había dado toda bendición espiritual y que se mostraba fiel y poderoso en las circunstancias de la vida. Pablo podría estar de acuerdo fácilmente con las palabras del Salmista: "Mi carne y mi corazón desfallecen; mas la roca de mi corazón y mi porción es Dios para siempre" (Sal. 73:26). Y concluyo su enseñanza a los filipenses con estas afirmaciones de promesa y alabanza: "Mi Dios, pues, suplirá todo lo que os falta conforme a sus riquezas en gloria en Cristo Jesús" (Fil. 4:19-20). Existe la misma razón hoy día para que todo cristiano esté contento y siempre lleno de acción de gracias alabanza a Dios.

10

LA VALENTÍA DE SER FUERTE

La ansiedad occidental de hoy se caracteriza por un gran énfasis en el buen estado físico y en la fortaleza. Muchas personas se entrenan regularmente y procuran comer una dieta saludable. Y quienes no lo hacen, los anunciantes les recuerdan que nunca es demasiado tarde para que comiencen a cambiar para un estilo de vida más saludable. Incluso muchas personas que no hacen ejercicios regularmente están preocupadas por su salud. De modo que hacen todo lo posible por minimizar el consumo de alimentos ricos en calorías y asegurarse de que su comida y su bebida no están contaminadas. También tratan de evitar exponerse a enfermedades contagiosas.

Si la fortaleza es una preocupación de suma importancia con respecto a nuestra salud espiritual, debería ser una preocupación aún mayor cuando se trata de nuestra salud espiritual. Si el Cuerpo de Cristo va a funcionar como Dios quiere, necesitamos saber qué constituye la fortaleza cristiana y a qué es semejante cuando está en acción.

¿QUÉ ES LA FORTALEZA ESPIRITUAL?

La fortaleza espiritual para los creyentes es esencialmente una actitud de valor, e incluye virtudes tales como el valor de la convicción, el valor de ser inflexible, el valor de confrontar el error y la falsa doctrina, el valor de confrontar la intimidación y la persecución y aún así permanecer comprometidos con lo que es correcto.

Un cristiano robusto es aquel que vive por principios en lugar de hacerlo por capricho o por opinión. No siempre busca la salida fácil ni el lugar seguro, sino que confronta los diferentes desafíos, asume serios riesgos cuando es necesario, y permanece firme contra la oposición a la verdad. Es decidido y tiene propósitos y metas definidas y avanza incluso cuando la lucha es a veces dolorosa.

La fortaleza es una virtud muy necesitada en la iglesia hoy día, en esta era de vacilación, compromiso y debilidad. Vivimos en un tiempo en el que muchos dentro de la iglesia no están dispuestos mantener convicciones doctrinales firmes porque piensan que serán considerados poco afectuosos. Pero eso no es lo que los profetas, los apóstoles y los reformadores hubieran hecho porque tal cosa no es bíblica. La iglesia no necesita pastores débiles predicando mensajes débiles a congregaciones débiles. Se necesita fortaleza de carácter derivada de un fundamento bíblico.

Primera Corintios 16:13-14 es más bien una simple exhortación, pero también es un excelente resumen con respecto a la fortaleza espiritual: "Velad, estad firmes en la fe; portaos varonilmente, y esforzaos. Todas vuestras cosas sean hechas con amor".

La traducción "portaos varonilmente" en el versículo 13 es algo ambigua y no transmite el significado del original tan bien como debía. El verbo griego más literalmente dice "conducíos de manera valerosa". Sin embargo, "portaos varonilmente" es como el verbo es traducido, probablemente porque varios traductores sabían que ser valiente en tiempos antiguos era sinónimo con ser hombre. Desde los tiempos del Antiguo Testamento hasta el comienzo de la era industrial, ser un hombre significaba formar la vida en un ambiente difícil. Eso implicaba limpiar el terreno desértico, construir edificios con las manos, arar la tierra manualmente y proteger constantemente la familia de incursiones de otras tribus. Todo eso significaba que los hombres tuvieran que ser físicamente fuertes cada día.

Ese cuadro de esfuerzo riguroso y diario esfuerzo físico en casi cada aspecto de la vida es algo con lo que se nos dificulta identificarnos. En la cultura moderna, la mayoría de los hombres están acostumbrados a trabajar en ocupaciones profesionales y en las áreas de servicio que requieren más esfuerzos mentales que esfuerzo físico. En cierto sentido hemos redefinido la función del hombre como algo muy diferente de lo que era en los días de Pablo. Por lo tanto, es provechoso tener ilustraciones adicionales del verbo "portaos varonilmente". Aunque no hay otros usos de ese vocablo en el Nuevo Testamento, la traducción griega del Antiguo Testamento proporciona muchos ejemplos.

La expresión aparece dos veces en Deuteronomio 31:6-7 cuando dice: "Esforzaos y cobrad ánimo; no temáis, ni tengáis miedo de ellos, porque Jehová tu Dios es el que va contigo; no te dejará, ni te desamparará. Y llamó Moisés a Josué, y le dijo en presencia de todo Israel: Esfuérzate y anímate; porque tú entrarás con este pueblo a la tierra que juró Jehová a sus padres que les daría, y tú se la harás heredar". Primero, Moisés, cuando se preparaba para entregar la dirección de Israel a Josué, instruyó al pueblo a tener fortaleza y valor al marchar a la tierra prometida. Porque Dios los guiaría. Entonces dio la misma instrucción concretamente a Josué.

Justo antes de su muerte, David exhorto a su hijo Salomón de la misma manera. "Yo sigo el camino de todos en la tierra; esfuérzate, y sé hombre. Guarda los preceptos de Jehová tu Dios, andando en sus caminos, y observando sus estatutos y mandamientos, sus decretos y sus testimonios, de la manera que está escrito en la ley de Moisés, para que prosperes en todo lo que hagas y en todo aquello que emprendas" (1 R. 2:2-3). Note que el versículo 3 dice cómo uno puede ser esforzado y valiente: Mediante ser una persona de la Palabra y obedecer todo lo que Dios ha revelado en su ley.

Otros pasajes demuestran que el mandato a ser esforzado y valiente es una expresión común en el Antiguo Testamento (vea Dt. 31:23; 2 S. 10:9-13; 1 Cr. 22:11-13; 2 Cr. 32:6-8; Sal. 27:14). El pasaje que ricamente capta la esencia de dicha expresión mejor que ningún otro es Josué 1:5-9:

> *"Nadie te podrá hacer frente en todos los días de tu vida; como estuve con Moisés, estaré contigo; no te dejaré, ni te desampararé. Esfuérzate y sé valiente; porque tú repartirás a este pueblo por*

> *heredad la tierra de la cual juré a sus padres que la daría a ellos. Solamente esfuérzate y sé muy valiente, para cuidar de hacer conforme a toda la ley que mi siervo Moisés te mandó; no te apartes de ella ni a diestra ni a siniestra, para que seas prosperado en todas las cosas que emprendas. Nunca se apartará de tu boca este libro de la ley, sino que de día y de noche meditarás en él, para que guardes y hagas conforme a todo lo que en él está escrito; porque entonces harás prosperar tu camino, y todo te saldrá bien. Mira que te mando que te esfuerces y seas valiente; no temas ni desmayes, porque Jehová tu Dios estará contigo en dondequiera que vayas".*

En resumen, ser esforzado y valiente significa vivir a la altura de las circunstancias personales, los cuales se encuentran en la Palabra reveladora de Dios. El Señor ha preparado el camino para nosotros y está con nosotros (v. 5). Nuestra causa es justa (v. 6), solo necesitamos ser fieles mediante la posesión de fortaleza y el valor (vv. 6-7, 9).

Los cristianos ciertamente necesitamos ser inspirados y motivados a seguir los diferentes ejemplos del Antiguo Testamento con respecto a la fortaleza y al valor. Pero algo mucho más profundo está implicado en nuestra obediencia a esos mandamientos, como lo expresa la oración del apóstol Pablo por los creyentes en Éfeso: "Por esta causa doblo mis rodillas ante el Padre de nuestro Señor Jesucristo, de quien toma nombre toda familia en los cielos y en la tierra, para que os dé, conforme a las riquezas de su gloria, el ser fortalecidos con poder en el hombre interior por su Espíritu" (Ef. 3:14-16). Así que, aunque el llamado a ser fuerte y valiente es un mandamiento, solo puede ser obedecido en el poder maravilloso y misterioso de la cohabitación del Espíritu Santo. Eso significa que debemos estar llenos y controlados por el Espíritu mientras procuramos vivir congruentemente mediante las convicciones que surgen de nuestra comprensión de las Escrituras bajo la dirección del Espíritu Santo.

RETRATOS DE UN CRISTIANO FUERTE

La Palabra de Dios nos ha provisto de una sólida definición de la fortaleza espiritual, y todo creyente maduro conoce casi intuitivamente lo que esa definición supone. Pero la pregunta persiste: ¿Cómo aplicamos las verdades con respecto a la fortaleza? ¿Cómo nos apropiamos de las numerosas exhortaciones bíblicas y las convertimos en una actitud espiritual eficaz que resulta en una vida justa?

El apóstol Pablo nos ayuda a tener un control práctico del concepto de la fortaleza en sus instrucciones a Timoteo:

> *"Tú, pues, hijo mío, esfuérzate en la gracia que es en Cristo Jesús. Lo que has oído de mí ante muchos testigos, esto encarga a hombres fieles que sean idóneos para enseñar también a otros. Tú, pues, sufre penalidades como buen soldado de Jesucristo. Ninguno que milita se enreda en los negocios de la vida, a fin de agradar a aquel que lo tomó por soldado. Y también el que lucha como atleta, no es coronado si no lucha legítimamente. El labrador, para participar de los frutos, debe trabajar primero. Considera lo que digo, y el Señor te dé entendimiento en todo".*
>
> *(2 Ti. 2:1-7)*

Timoteo era hijo espiritual de Pablo, un verdadero discípulo que conocía el corazón del apóstol tan bien como cualquiera. Pablo había designado a Timoteo para que lo sustituyera en su ministerio después de su partida. Pero mientras tanto, después del primer encarcelamiento de Pablo, el apóstol le pidió a Timoteo que se encontrara con él en Éfeso, el lugar de una de las iglesias más fuertes e influyentes que Pablo había establecido.

Mientras estaba en la prisión, Pablo supo que los responsables de la iglesia en Éfeso se habían corrompido, que los miembros estaban abandonando sus responsabilidades, que la impiedad se había introducido en la asamblea. De manera que Pablo solicitó la ayuda de Timoteo para hacer que la iglesia volviera al camino correcto (vea 1 Ti. 1:3).

Después de que Pablo hizo frente a algunos de los problemas más difíciles en Éfeso, como el de excomulgar a los pastores herejes Himeneo y Alejandro, se fue a realizar ministerio en Macedonia y dejó al joven Timoteo para que resolviera varios problemas adicionales. Después de su partida, Pablo envió una carta a Timoteo detallándole correcciones mayores que debía realizar en la iglesia (esa es la carta que conocemos como 1 Timoteo).

Cuando Timoteo comenzó a poner en práctica las instrucciones de Pablo encontró resistencias hostiles dentro de la iglesia y una intrusa persecución del exterior. Muchos decían que era demasiado joven e inexperto. Y Timoteo luchó dentro de sí con las tentaciones de los deseos juveniles. Encima de todo eso, el estilo agresivo y argumentativo de Timoteo probablemente hizo que perdiera terreno en sus esfuerzos, y comenzó a dudar seriamente de su función como un ejemplo piadoso a los efesios.

Como resultado, Timoteo fue apresado por la espiral descendiente de la iglesia en Éfeso. Comenzó a abandonar su ministerio y a volverse espiritualmente débil, en tal grado que Pablo tuvo que recordarle a Timoteo de la validez de su fe y darle ánimo para no dejar que sus dones de predicación, evangelización y de administración de la iglesia cayeran en desuso (2 Ti. 1:5-7). Timoteo pudo haberse debilitado tanto que estaba vacilante respecto de su identificación con Cristo y estaba indeciso en su doctrina. Al parecer deseaba evitar la persecución de los no creyentes y se sintió más cómodo con respecto a retirarse sin presentar batalla a los oponentes dentro de la iglesia (vea los vv. 8, 13-14).

Por lo tanto, Pablo comienza 2 Timoteo 2 con un llamado a su joven compañero en el ministerio a tomar una postura espiritual firme. Debido a que el apóstol pronto ya no estaría presente, sabía que era crucial para Timoteo dar un paso adelante y ser un modelo a imitar por otros. Y para demostrar esa actitud de manera práctica y tangible, Pablo presenta a Timoteo (y a nosotros) una serie de ilustraciones y analogías para describir al cristiano presente.

El cristiano como maestro

Pablo comienza su progresión descriptiva exhortando a Timoteo a ser un maestro: "Lo que has oído de mí ante muchos testigos, esto encarga a hombres fieles que sean idóneos para enseñar también a otros" (1 Ti. 2:2). Enseñar a otros mejora nuestra propia comprensión de las Escrituras, y también fortalece y amplía la base de nuestras convicciones. Hay cuatro razones básicas por las que esos beneficios se acumulan para el maestro fiel.

Primero, *si deseamos enseñar la Palabra eficazmente, tenemos que estudiarla.* Enseñar, por lo tanto, proporciona un verdadero incentivo para profundizar en la Palabra con completa devoción. Como norma, no la estudiamos con el mismo nivel de minuciosidad y dedicación cuando no tenemos que enseñarla. Y esa es la cuestión, el enseñar nos motivará a mantener buenos hábitos de estudio bíblico.

La necesidad del maestro de estudiar también lo ayudará a disciplinarse a sí mismo. Lo obligará a prepararse con tanta anticipación de modo que esté preparado para cuando llegue el momento de enseñar. Hace varios años los estudiantes de una clase en un seminario donde enseñaba aprendieron una dolorosa lección tocante al valor de la preparación.

Le di a la clase una tarea al principio del semestre y les dije que tenían como un mes para entregarla. Cuando la fecha llegó y el momento de entregar la tarea se cumplió, tres o cuatro alumnos me pidieron una breve extensión de la fecha de entrega, apelando a circunstancias externas por la que no habían podido terminar la tarea.

Cuando dije que no podían tener una extensión de la fecha límite y que, por lo tanto, tendría que darles un suspenso en la tarea, todos ellos naturalmente mostraron consternación y disgusto. Aún así, cada uno de ellos admitió recordar la fecha límite original, pero simplemente asumió que yo permitiría un período de gracia para la entrega tardía de la tarea asignada.

Les dije que si no habían aprendido ninguna otra cosa de la clase, esperaba que por lo menos hubieran aprendido que un pastor tiene que llevar su sermón preparado cada domingo y no el martes siguiente. Y algunos de ellos en años recientes me han confesado que esa experiencia fue la mejor lección que jamás aprendieron.

La segunda razón de la que nos beneficiamos al enseñar a otros, es que *nuestra preparación aclara la verdad en nuestra mente y en nuestro corazón.* Nos obliga a ir más allá de una simple lectura devocional de las

Escrituras a un nivel en el que podemos entender un pasaje y explicar sus verdades a otros. Si estudiamos a conciencia en preparación para enseñar, obtendremos una precisión de comprensión que nos permitirá aclarar la verdad a nuestros estudiantes.

En tercer lugar, la preparación para enseñar es beneficiosa porque *nos obliga a llegar a conclusiones con respecto a lo que es importante*. A medida que estudiamos, tenemos que identificar los puntos clave en el material y decidir cuál será el énfasis principal y la mejor manera de expresarlo.

Finalmente, ser maestros es beneficioso porque *nos coloca en una posición de responsabilidad*. Cuando enseñamos a otros, incluso si se trata de una sola persona, públicamente declaramos la importancia de lo que hemos dicho y demostramos que queremos que nuestros estudiantes abracen la misma verdad. Hacemos que ellos sean responsables por lo que han oído y al mismo tiempo nos hacemos responsables ante ellos para ayudarnos a practicar lo que enseñamos.

Si pretendemos ser cristianos robustos, necesitamos enseñar a otros, ya sea alguien en nuestra familia, un hermano en la fe que es menos maduro, o un nuevo creyente. Comunicar la sana doctrina con su práctica es una parte integral de la preparación de la nueva generación de cristianos fieles.

Durante mis años como pastor, me he beneficiado grandemente de mi función regular como maestro. Recuerdo lo que enseño de la Palabra de Dios y sé lo que creo porque está siendo refinada y reforzada en el crisol del estudio constante. Eso promueve una verdadera propiedad del material que presento para que la enseñanza se convierta en un tejido de mi vida y en la sustancia de mi fortaleza espiritual. Y siempre soy considerado responsable. Cualquier declaración errónea o desviación, verdadera o aparente, que haga que las personas piensen que soy incongruente con mi enseñanza anterior produce el envío de cartas, llamadas telefónicas, fax y mensajes electrónicos a mi oficina.

Ser un maestro de la Palabra de Dios en una situación informal no exige que tengamos el don de la enseñanza. Sencillamente significa reconocer la responsabilidad que tenemos de impartir la verdad a otros para que también la puedan entender. Es así como formamos nuestras convicciones y adquirimos nuestra fortaleza espiritual.

El cristiano como soldado

La siguiente imagen que Pablo presenta a Timoteo de un cristiano robusto es la de un soldado: "Tú, pues, sufre penalidades como buen soldado de Jesucristo. Ninguno que milita se enreda en los negocios de la vida, a fin de agradar a aquel que lo tomó por soldado" (2 Ti. 2:3-4). Necesitamos comprender desde el principio de la vida cristiana que estamos enfrascados en una seria guerra espiritual y en una gran batalla ideológica. Tratamos con personas del mundo que no conocen a Cristo: "esto es, entre los incrédulos, a quienes el dios de este mundo les cegó el entendimiento, para que no les resplandezca la luz del evangelio de la gloria de Cristo, el cual es la imagen de Dios" (2 Co. 4:4). Y el poder de ese sistema mundial aprisiona a los incrédulos con una apelación a sus deseos, codicias y orgullo (1 Jn. 2:16). Ese sistema también ha levantado una formidable fortaleza ideológica detrás de la que las personas pueden esconder toda clase de falsas religiones, falsas filosofías y cosmovisiones en contra de la Biblia.

La responsabilidad del creyente es, por lo tanto, asaltar el reino de las tinieblas, con la ayuda del Señor, rescatar a las almas perdidas en esas tinieblas y traerlas al reino de luz. Como dice el apóstol Judas, tenemos la tarea de "arrebatarlos del fuego" (Jud. 23).

La exhortación de Pablo a Timoteo con respecto a ser un soldado de Cristo sigue al paradigma de la guerra espiritual y describe cómo los creyentes pueden ser soldados eficaces y, por lo tanto, cristianos robustos. Debido a que somos soldados, no debe sorprendernos si el esfuerzo es extenuante y las tareas desafiantes. Ni debemos estar perplejos y retirarnos cuando encontramos conflicto. Tales cosas reflejan la naturaleza de la guerra y todos los creyentes estamos metidos en una guerra.

Esos aspectos difíciles de la guerra espiritual constituyen el primer aspecto del oficio del soldado cristiano: "*sufrimos penalidades*". Eso significa que hay grandes riesgos, y necesitamos tener nuestras prioridades en orden y poner nuestra vida en sintonía con la causa de

Cristo. Eso nos exigirá el ejercicio de otras características, como ser vigilante (Lc. 12:35-40), comprender las estratagemas de Satanás (Ef. 6:11; 1 P. 5:8-9), y ejercitar el discernimiento (1 Ts. 5:20-21; 1 Jn. 4:1; vea He. 17:11). Todas las cosas demandan la vigilancia y la energía de un verdadero soldado en la labor de reconocimiento.

Un segundo componente del estilo de vida del buen soldado de Cristo es que *no se enreda en los negocios de la vida*. En el ámbito secular, cuando alguien es llamado al servicio militar activo tiene que cambiar todas las relaciones previas y hacer del cuerpo militar su trabajo a todo tiempo. No tiene vida privada ni personal de que hablar. Se viste de uniforme, vive en un ambiente especial y está bajo la autoridad y el control de sus superiores durante todo el tiempo que esté en el ejército.

Ser un soldado en el ámbito espiritual es muy similar. Hemos sido llamados a servir al comandante supremo, el Señor Jesucristo, y eso es a tiempo completo, o sea, un compromiso para toda la vida. Podría llevarnos a niveles severos de sufrimientos, como en el caso de Pablo, o a un nivel mucho más liviano de infortunio, como ocurre con la mayoría de nosotros.

No es que los cristianos no trabajamos para ir a la escuela. Pero cuando estamos en el trabajo, en el aula o en la vecindad, somos soldados de Jesucristo. Nuestra principal preocupación es la batalla espiritual. Ya sea que confrontemos cuestiones como las falsas ideologías que atrapan a las personas en el pecado y en el error o las falsas doctrinas que llevan a los creyentes bajo la influencia de Satanás. Dondequiera que los creyentes estemos y cualquiera que sea la cuestión, no podemos poner a un lado la responsabilidad de ser un soldado cristiano.

Finalmente, el verdadero soldado de Jesucristo, *procura agradar a aquel que lo tomó por soldado*. Si estamos metidos en una guerra espiritual, está claro que hay solamente una persona a quien en realidad tenemos que rendir cuentas. Esa persona es Dios, nuestro comandante. El apóstol Pablo, los otros apóstoles, los profetas y todos los fieles siervos del Señor han anticipado el día cuando estarán en su presencia y oír las palabras: "Bien, buen siervo [soldado] fiel" (Mt. 25:21-23; vea el v. 34). Ese debe ser también nuestro incentivo, como también el deseo de reiterar las palabras de Pablo: "He peleado la buena batalla, he acabado la carrera, he guardado la fe. Por lo demás, me está reservada la corona de justicia, la cual me dará el Señor, juez justo, en aquel día; y no solo a mí, sino también a todos los que aman su venida" (2 Ti. 4:7-8).

El cristiano como atleta

El tercer cuadro que Pablo da a Timoteo del cristiano robusto es el de un atleta: "Y también el que lucha como atleta, no es coronado si no lucha legítimamente" (2 Ti. 2:5). El sustantivo "atleta" en el texto griego proviene del verbo griego *athleo* que significa participar en una competencia o competir en los juegos olímpicos (en la Reina Valera 1960 se traduce "el que lucha como atleta").

El significado de *athleo* señala al primer distintivo de un atleta, es decir, que *el compite para ganar.* Jugar para ganar es cosa esencial en todos los deportes o competencias atléticas. Cualquier otra cosa en el mejor de los casos es una desilusión y en el peor una vergüenza y un deshonor.

El apóstol Pablo estaba interesado en ayudar a otros creyentes a entender lo que él sabía, que luchar por alcanzar una meta final es algo necesario para un cristiano robusto. El cristiano corre para obtener un galardón, como vimos en Mateo 25:21-23 y en 2 Timoteo 4:7-8. Pablo prosigue a explicar la razón y la manera de luchar al correr la carrera de la vida cristiana: "¿No sabéis que los que corren en el estadio, todos a la verdad corren, pero uno solo se lleva el premio? Corred de tal manera que lo obtengáis. Todo aquel que lucha, de todo se abstiene; ellos, a la verdad, para recibir una corona corruptible, pero nosotros, una incorruptible" (1 Co. 9:24-25).

Los cristianos robustos trabajarán duro en el estadio espiritual cuando entienden que hay metas espirituales y eternas en juego. Anteriormente, en su primera carta a Timoteo, Pablo ofreció esta excelente instrucción: "Desecha las fábulas profanas y de viejas. Ejercítate para la piedad; porque el ejercicio corporal para poco es provechoso, pero la piedad para todo aprovecha, pues tiene promesa de esta vida presente y de la venidera. Palabra fiel es esta y digna de ser recibida por todos, que por esto mismo trabajamos y sufrimos oprobios, porque esperamos en el Dios viviente, que es el Salvador de todos los hombres, mayormente de los que creen" (1 Ti. 4:7-10). Los cristianos robustos tenemos nuestro afecto puesto en el cielo, no en la tierra, y esa meta celestial es lo que les hace trabajar con todas nuestras fuerzas.

El atleta honesto y dedicado tiene otra virtud de carácter: *"Lucha legítimamente"*. No será como algunos de los atletas de las olimpíadas recientes quienes han defraudado y no solo se han deshonrado a sí mismos, sino también a los países que representan.

Por ejemplo, sabemos ahora en el transcurso de cuatro o cinco olimpíadas, durante los últimos veinticinco años mujeres atletas, notablemente nadadoras, de la antigua Alemania oriental usaron esteroides y probablemente otras drogas para mejorar el rendimiento y conseguir grandes ventajas físicas sobre sus contrincantes. Los Juegos Olímpicos de 1996 en Atlanta revelaron que muchos atletas de la China continental estaban implicados en violaciones de las reglas similares. Y también está el caso famoso del gran corredor canadiense Ben Johnson, quien violó las normas en las olimpíadas de Seúl del año 1988. Después de una gran carrera en la que consiguió la medalla de oro en los cien metros lisos, dio positivo en el análisis de una sustancia ilegal y fue despojado de su medalla.

Siempre he respetado esos golfistas profesionales quienes informan de alguna pequeña violación que han cometido durante una competencia. Si marcan su tarjeta incorrecta o mueven indebidamente una pelota en el campo, pueden ser penalizados con uno o más golpes. Esa clase de penalización con frecuencia resulta en una puntuación inferior en el torneo y puede costarle decenas de miles de dólares del premio. Pero escuchan a su conciencia y son honestos en su actuación. Sería maravilloso si el pueblo de Dios, especialmente los dirigentes, exhibieran siempre la misma integridad y corrieran la carrera según las reglas establecidas.

Los cristianos robustos prestaremos atención a las palabras de Pablo en 1 Corintios 9:26-27 cuando dice: "Así que yo de esta manera corro, no como a la ventura; de esta manera peleo, no como quien golpea el aire; sino que golpeo mi cuerpo y lo pongo en servidumbre, no sea que, habiendo sido heraldo para otros, yo mismo venga a ser eliminado". Esa clase de disciplina es una parte necesaria de la carrera espiritual. Tenemos que poner nuestro cuerpo en servidumbre para que nuestra carne, con sus deseos malignos, no nos domine y nos conduzca a algún pecado que nos desvía, igual que otros, de la verdadera meta de la guerra espiritual. Pero cuando honramos al Señor Jesucristo y nos centramos en el galardón eterno que espera a todos los fieles, que hará que se manifieste solo nuestros mejores esfuerzos en el servicio espiritual.

El cristiano como un labrador

La imagen final que Pablo da a Timoteo de un cristiano robusto es el de un abnegado labrador (2 Ti. 2:6). Y la primera tarea del labrador espiritual es ocuparse en *sembrar la semilla* de la Palabra de Dios, tal como lo hizo el hombre en la parábola del sembrador (Mt. 13:3-23).

La parábola de Jesús ilustra cuatro clases de terrenos (personas) y sus diferentes niveles de receptividad a la semilla (la Palabrada Dios). Tres de los terrenos eran malos y dieron respuestas negativas, y uno de los terrenos era bueno y dio una respuesta positiva. Algunos terrenos son duros e inmediatamente rechazan la verdad. Algunos son pedregosos y poco profundos. Reciben la Palabra con gozo temporal, pero la dejan ir bajo el calor de la tribulación. Otros terrenos están llenos de espinos, esos también reciben la semilla temporalmente, pero el engaño de las riquezas y las nocivas hierbas malas del materialismo mundano pronto toman control y ahogan el fruto de la Palabra.

La buena tierra es productiva, pero en tres niveles diferentes, a treinta, sesenta y a ciento por uno.

La cosa más fascinante con respecto a esta parábola es que no dice nada con respecto a la habilidad del sembrador. Totalmente desestima la noción contemporánea de que para ser eficaz en el evangelismo, los cristianos tenemos que usar la fórmula correcta o implementar cierto programa que emplea la técnica apropiada del "acercamiento amigable". En cambio, la cuestión es la condición de los terrenos. Ese punto puede destacarse mediante una ilustración adicional. Imagínese usted a un labrador experimentado que siembra la semilla con gran habilidad y destreza. Siempre que esparce la semilla esta cae casi perfectamente en el surco del campo. Al mismo tiempo su hijo de cinco o seis años sigue tras él y de manera torpe trata de imitar la habilidad de su padre. Pero su mano gordita y sus dedos cortos erráticamente esparcen la semilla sobre la cabeza y la espalda de su padre, con otros puñados esparcidos por aquí y por allá, fallando el surco. Pero algunas de las semillas lanzadas por el hijo caen en buena tierra, y producen una buena cosecha.

Esa historia ilustra el principio de que siempre que la semilla cae en buena tierra, produce fruto ya sea que la semilla sea esparcida por un sembrador hábil o inexperto. La moraleja espiritual de la parábola de Jesús es que el Señor prepara el terreno en el corazón de las personas, y esparcimos la semilla de su Palabra. Mientras más semillas distribuimos, mayor es la probabilidad de que caigan en el terreno preparado.

Por lo tanto, el cristiano robusto que es un buen labrador espiritual nunca dejará pasar la oportunidad de esparcir el evangelio. Trabajará arduamente en esa labor ya sea que el terreno parezca duro o sensible. La Palabra de Dios tiene su propio poder, y los creyentes solo tienen que llevar las personas a ella y dejar que esta haga su obra. El sembrador no tiene autoridad para manipular ni para alterar la semilla. Su función es simplemente esparcirla.

No solo el labrador espiritual diligente siembra la semilla de la Palabra, sino que también trabajará duramente para regarla y edificará sobre la siembra de alguien más. En otras palabras, el labrador *será un segador*. Como dice 2 Timoteo 2:6 "para participar de los frutos, debe trabajar primero". Una de las principales razones por las que debemos amar la siembra de la semilla es el estimulante gozo de la siega. Así como el labrador se regocija cuando recoge una buena cosecha, así también el sembrador de la Palabra de Dios alaba al Señor cuando su Palabra adquiere raíz en la vida de alguien y produce el fruto para vida eterna.

Dentro del *cuádruple* cuadro de un cristiano robusto, el maestro con frecuencia es animado por la actitud de alumnos que tienen metas concretas para la vida de cada uno de ellos, el soldado se emociona con la visión y el sonido de la batalla, y el atleta es motivado por el desafío de la competencia. Sin embargo, el labrador generalmente trabaja solo y no tiene a nadie que lo anime.

La mayoría de los creyentes nos asemejamos más al labrador que a los otros cuadros de un cristiano robusto. Puede haber ocasiones cuando las cosas son especialmente interesantes, emocionantes y remuneradoras, pero la mayor parte del tiempo pasa sin que haya nada extraordinario. Cualesquiera que sean nuestras responsabilidades diarias, sin embargo, tenemos la promesa de las bendiciones y los galardones de Dios si somos fieles. Nuestro trabajo y ministerio podría ser mal pagado, malentendido o poco apreciado por colaboradores, incluso por otros cristianos, pero esa no es la reacción de Dios: "Así que, hermanos míos amados, estad firmes y constantes, creciendo en la obra del Señor siempre, sabiendo que vuestro trabajo en el Señor no es en vano" (1 Co. 15:58; vea 3:13-14; Ap. 2:10).

11

LA AUTODISCIPLINA: LA CLAVE DE LA VICTORIA

Para muchas personas en nuestra sociedad, jugar y ver deportes es la pasión de su vida. Siguen con avidez y apoyan a sus equipos favoritos, incluso asistiendo a los partidos vestidos con ropas más extravagantes que las que usan sus hijos para los carnavales. El hecho de que hombres y mujeres adultas asistan a acontecimientos deportivos con el rostro (y a veces el cuerpo) pintados de los colores de su equipo o usando máscaras o sombreros raros nos recuerda que el vocablo "admirador" proviene de la raíz que significa *fanático*.

El fanatismo con el que muchas personas miran los deportes los hace idolatrar a atletas prominentes. ¿Qué hace que esos atletas sean exitosos? La habilidad natural, la buena instrucción, y el estar en un equipo cuyo técnico y estilo de juego que complementan sus habilidades con factores importantes. Pero hay otro factor frecuentemente *ignorado* que quizá sea el más importante de todos, es decir, la autodisciplina. La historia de los deportes está repleta de ejemplos de atletas cuyo esfuerzo diligente, agotador y abnegado supera su deficiencia de habilidad física.

Las personas de los tiempos bíblicos entendían la relación entre los deportes y la autodisciplina porque las competencias atléticas eran muy populares en aquellos días. Los juegos olímpicos y los del istmo de Corinto eran anticipados con ansiedad. Muchas ciudades pequeñas tenían reuniones atléticas en las que los deportistas locales tomaban parte. Por lo tanto, el Nuevo Testamento frecuentemente usa las competencias atléticas como metáforas de la vida cristiana. Pablo dijo a los ancianos de la iglesia en Éfeso: "Pero de ninguna cosa hago caso, ni estimo preciosa mi vida para mí mismo, con tal que acabe mi carrera con gozo, y el ministerio que recibí del Señor Jesús, para dar testimonio del evangelio de la gracia de Dios" (Hch. 20:24). En Gálatas 2:2 el apóstol expresa su temor de "no correr o haber corrido en vano". Después, en la misma epístola, reprende a los gálatas así: "Vosotros corríais bien; ¿quién os estorbó para no obedecer a la verdad?" (5:7). El apóstol exhortó a los filipenses a vivir siempre "asidos de la palabra de vida, para que en el día de Cristo yo pueda gloriarme de que no he corrido en vano, ni en vano he trabajado" (Fil. 2.16). Y a su discípulo Timoteo escribió: "Y también el que lucha como atleta, no es coronado si no lucha legítimamente" (2 Ti.2:5). El epitafio del propio Pablo, escrito poco antes de su martirio, dice: "He peleado la buena batalla, he acabado la carrera, he guardado la fe" (2 Ti. 4:7). El gran apóstol completó su carrera triunfantemente.

El escritor de Hebreos también relaciona la vida cristiana con una carrera, exhortando a sus lectores así: "Por tanto, nosotros también, teniendo en derredor nuestro tan grande nube de testigos, despojémonos de todo peso y del pecado que nos asedia, y corramos con paciencia la carrera que tenemos por delante" (12:1).

Pero el cuadro más detallado de la vida cristiana como una competencia atlética aparece en la primera carta de Pablo a los corintios:

> *"¿No sabéis que los que corren en el estadio, todos a la verdad corren, pero uno solo se lleva el premio? Corred de tal manera que lo obtengáis. Todo aquel que lucha, de todo se abstiene; ellos, a la verdad, para recibir una corona corruptible, pero nosotros, una incorruptible. Así que, yo de esta manera corro, no como a la ventura; de esta manera peleo, no como quien golpea el aire, sino que golpeo mi cuerpo, y lo pongo en servidumbre, no sea que habiendo sido heraldo para otros, yo mismo venga a ser eliminado".*
>
> *(1 Co. 9:24-27)*

La única razón de correr la carrera es ser "el que recibe el premio". Nadie que compite desea ocupar el segundo puesto. Es por eso que Pablo exhorta a los cristianos, diciéndoles: ¿No sabéis que los que corren en el estadio, todos a la verdad corren, pero uno solo se lleva el premio? Corred de tal manera que lo obtengáis" (v. 24). ¿Cómo hacemos eso? Mediante el ejercicio controlarnos a nosotros mismos: "de todo se abstiene" (v. 25). En la vida cristiana, igual que en una competencia deportiva, la victoria pertenece al que es disciplinado. Los atletas de fama mundial invierten una increíble cantidad de tiempo en el entrenamiento. Pueden entrenarse muchas horas al día por varios años en la vida de cada uno de ellos, obligándose a sí mismos a ignorar el dolor para perfeccionarse en su deporte. Lo hacen para recibir el equivalente moderno de "una corona corruptible". Los creyentes nos ejercitamos en la disciplina de nosotros mismos para recibir una "corona de justicia" incorruptible (2 Ti. 4:8).

El duro entrenamiento de un atleta, sin embargo, será una pérdida si viola las reglas de la competencia. Todos hemos visto la sustracción de los esquiadores olímpicos que accidentalmente omiten una puerta del recorrido de un eslalom fueron descalificados. Otros atletas deliberadamente han engañado y han producido vergüenza y deshonor tanto a sí mismos como en sus países. "Así que", escribió Pablo en el versículo 26 "yo de esta manera corro, no como a la ventura; de esta manera peleo, no como quien golpea el aire" (v. 26). Se aseguró de que no se salía de la pista, sabiendo que, como más tarde escribió a Timoteo: "Y también el que lucha como atleta, no es coronado si no lucha legítimamente" (2 Ti. 2:5). Pablo temía que "habiendo sido heraldo para otros, yo mismo venga a ser descalificado" (1 Co. 9:27). No quería que la falta de disciplina lo hiciera perder la victoria espiritual.

La autodisciplina puede definirse como la habilidad de regular la conducta de uno a través de principios y juicios saludables en vez de hacerlo por impulsos, deseos o costumbre social. El famoso poema de Rudyard Kipling, titulado "If" [Si] capta la esencia de la autodisciplina desde una perspectiva humana:

Si puedes mantener tu cabeza bien puesta
Cuando a tu alrededor
Otros pierden su sentido y te culpan
Si puedes confiar en ti mismo cuando te dudan,
Pero tomas en cuenta también el dudar de ellos;
Si puedes esperar sin aburrirte con mentiras,
O cuando te mienten no respondes con mentiras,
O cuando te odian no reaccionas con odio
Y no das la apariencia de ser muy bueno ni muy sabio

Si puedes soñar sin dejar que te dominen tus sueños,
Si puedes pensar y no hacer de los pensamientos una meta
Si puedes enfrentar el triunfo y el desastre
Y tratar a esos dos impostores por igual
Si puedes tolerar oír la verdad que has hablado
Torcida por bribones para atrapar a los tontos
O contemplar las cosas que diste a tu vida, rotas
Y te inclinas y las reconstruyes con herramientas gastadas

Si puedes hacer un montón de todas tus ganancias
Y arriesgarlas en un momento de incertidumbres,
Y perder, y comenzar otra vez desde el principio
Y nunca expresar una palabra con respecto a tu pérdida
Si puedes forzar tu corazón, nervios y médula
Servir tu turno mucho después de que se hayan ido
Y aferrarte cuando no quede nada en ti
Excepto la voluntad que te dice "¡aferrarte!

Si puedes hablar con las multitudes y mantener tu virtud
O andar con reyes, sin perder el toque común
Si ni adversarios y amigos te pueden dañar
Si todos cuentan contigo, pero ninguno demasiado;
Si puedes llevar el minuto imperdonable
Con el valor de sesenta segundos recorridos
Vuestra es la tierra, y todo lo que en ella hay
Y, lo mejor de todo, ¡serás un hombre, hijo mío!

Bíblicamente, la autodisciplina puede resumirse en una palabra: Obediencia. Para ejercer la autodisciplina en las cosas espirituales es necesario evitar el mal mediante la permanencia dentro de los límites de la ley de Dios.

La autodisciplina es importante para cualquier actividad de la vida. Estoy agradecido por mis padres, entrenadores, profesores y otros que me ayudaron a desarrollar la autodisciplina en mi propia vida. Las personas que tienen la capacidad de concentrarse, enfocar sus metas, y congruentemente permanecer dentro de sus prioridades tienden a triunfar. Ya sea en lo académico, lo artístico, lo atlético, el éxito generalmente llega al que se autodisciplina.

Por muchos años he tenido el privilegio de conocer al guitarrista clásico Christopher Parkening. Cuando tenía treinta años, se había convertido en un maestro de su instrumento. Pero ese dominio no fue obtenido ni fácil, ni a bajo precio. Mientras que otros niños jugaban y participaban en deportes, él invertía varias horas practicando la guitarra. El resultado de ese compromiso con la autodisciplina es un dominio de su instrumento que pocos pueden igualar.

CÓMO DESARROLLAR LA AUTODISCIPLINA

Puesto que la autodisciplina es tan importante, ¿cómo se desarrolla ésta? ¿Cómo pueden los padres ayudar a sus hijos a desarrollarla? Estas son algunas de las sugerencias prácticas que he encontrado provechosas:

Comience con las cosas pequeñas. Limpie su habitación en casa o su escritorio de trabajo. Entrénese a poner las cosas donde pertenecen cuando están fuera de lugar. Que el viejo adagio "un lugar para cada cosa y cada cosa en su lugar" sea su meta. Después de que haya limpiado su habitación, su escritorio, extienda esa autodisciplina al resto de la casa y de su lugar de trabajo. Consiga llegar al punto en que el orden es importante. Aprenda cómo mantener su medio limpio y diáfano de manera que pueda funcionar sin innumerables distracciones. Esa limpieza traerá un desarrollo adicional de la autodisciplina obligándolo a tomar decisiones con respecto a lo que es importante y a lo que no lo es.

Una famosa rima, basada en la derrota del rey Ricardo III de Inglaterra en la batalla de *Bosworth Field* [Campo de Bosworth] en 1485, ilustra la importancia de concentrarse en los detalles pequeños:

Por falta de un clavo, se perdió una herradura.
Por falta de una herradura, se perdió un caballo.
Por falta de un caballo, se perdió una batalla.
Por falta de una batalla, se perdió un reino.
Y todo ocurrió por falta del un clavo de una herradura.

Organícese. Escriba un plan de trabajo, tan detallado o general como crea conveniente y cúmplalo. Prepara una lista de cosas o tareas para hacer. El uso de una agenda o un programa de administración e información personal en su computadora resultaría de ayuda. De cualquier manera que lo haga, organícese, incluso si todo lo que hace es anotar las citas y las cosas para hacer en una hoja de papel. La triste realidad es que si no controla su tiempo todas las cosas (y todo el mundo) lo hará por usted.

No se entretenga. Cuando tenga tiempo libre, dedíquelo a las cosas productivas en lugar de dedicarlo al simple entretenimiento. Lea un buen libro, o escuche música clásica, emprenda una caminata, o mantenga una conversación con alguien. En otras palabras, aprenda a entretenerse con cosas desafiantes, estimulantes y creativas. Las cosas que no tienen valor, sino solo para entretenerlo realizan una contribución insignificante a su bienestar.

Sea puntual. Si tiene que llegar a un lugar a una hora concreta, sea puntual. "¿Amas la vida?", escribió Benjamín Franklin en su obra *Poor Richard's Almanac* [El almanaque del pobre Ricardo], "entonces no malgaste el tiempo, porque ese es el material del que la vida está hecha". El apóstol Pablo menciona que el uso adecuado del tiempo es una señal de la verdadera sabiduría espiritual: "Mirad, pues, con diligencia cómo andéis, no como necios sino como sabios, aprovechando bien el tiempo, porque los días son malos" (Ef. 5:15-16). Ser puntual señala una vida organizada. Revela una persona cuyos deseos, actividades y responsabilidades están bajo control permitiéndole llegar donde necesita estar cuando debe estar allí. Ser puntual también reconoce la importancia de otras personas y el valor de su tiempo.

Cumpla su palabra. "No se comprometa con lo que no puede cumplir", el joven George Washington se exhortó a sí mismo, "pero sea cuidadoso en cumplir su promesa". Si dice que va a hacer algo, hágalo, *cuando* dice que lo hará y *como* dice que lo hará". Cuando haga compromisos, cúmplalos. Eso requiere la autodisciplina para evaluar adecuadamente si tiene el tiempo y la capacidad para hacer algo. Y una vez que haya hecho el compromiso, la autodisciplina lo capacitará a para cumplirlo.

Realice la tarea más difícil primero. La mayoría de las personas hacen lo contrario, gastando el tiempo en hacer las tareas fáciles y de baja prioridad. Pero cuando se les agota el tiempo (y la energía), las tareas difíciles y de alta prioridad permanecen sin hacer.

Termine lo que comienza. La vida de algunas personas es una letanía de proyectos sin terminar. En las palabras del poeta John Geenleaf Whittier:

> *De todas las palabras tristes de lengua o pluma*
> *Las más tristes son: "¡Pudo haber sido!" sin duda.*

Si comienza algo, termínelo. Ahí yace una clave importante para desarrollar la autodisciplina.

Acepte la corrección. La corrección lo ayuda a desarrollar la autodisciplina porque le muestra lo que necesita evitar. De modo que no debe ser rechazada, sino aceptada con alegría. Salomón escribió: "Escucha el consejo, y recibe la corrección, para que seas sabio en tu vejez" (Pr. 19:20). También "El oído que escucha las amonestaciones de la vida, entre los sabios morará. El que tiene en poco la disciplina menosprecia su alma; mas el que escucha la corrección tiene entendimiento" (Pr. 15:31-32).

Acepte la abnegación. Aprenda a decir no a sus emociones e impulsos. Ocasionalmente niéguese placeres que son perfectamente legítimos para su disfrute. Pase por alto el postre de una comida. Beba un vaso de te frío en vez del helado que tanto le gusta. No coma ese dulce que ha llamado su atención. Abstenerse de esas cosas le recordará a su cuerpo quién está al control.

Acepte gustoso la responsabilidad. Ofrézcase a hacer cosas que necesitan ser hechas. Eso lo obligará a tener su vida organizada lo suficiente para tener tiempo para esos proyectos.

Estas sugerencias prácticas parecerían no implicar ningún principio espiritual profundo. Pero no podemos dividir nuestras ideas en lo secular y lo espiritual. En cambio tenemos que vivir cada aspecto de nuestra vida para la gloria de Dios (1 Co. 10:31). Y la autodisciplina cultivada en las cosas aparentemente triviales de la vida se derramará sobre el ámbito de lo espiritual.

LA MOTIVACIÓN PARA DESARROLLAR LA AUTODISCIPLINA

La autodisciplina es esencial para la victoria y el crecimiento espiritual. Eso de por sí debería motivar a los cristianos a procurarla diligentemente. En 1 Pedro 1:13 Pedro escribió: "Por tanto, ceñid los lomos de vuestro entendimiento, sed sobrios, y esperad por completo en la gracia que se os traerá cuando Jesucristo sea manifestado". Pedro presenta el cuadro de un soldado romano preparándose para la batalla. Para evitar ser sobrecargado por su túnica, el soldado sabía introducirse los bordes de su vestidura en su faja. La victoria espiritual comienza con un compromiso a reunir todos los cabos sueltos en nuestra mente.

Los creyentes consiguen esa victoria siendo "sobrios en espíritu". "Sobrio" en este contexto no se refiere a no estar borracho. Más bien se refiere a tener la mente clara y a entender las prioridades. Dar prioridad a nuestro pensamiento significa pensar acerca de las cosas que debemos pensar, las cosas que son verdaderas, honestas, justas, puras, amables, de buen nombre, dignas de alabanza (Fil. 4:8).

Una mente disciplinada evita los atractivos del mundo. La mente disciplinada tiene las cosas claras, con prioridades fijas y equilibradas que resultan en decisiones morales. Las personas que poseen una mente disciplinada no dan bandazos extraños a través de la vida en imprudente desenfreno. Viven por principios, no por emociones. Es por eso que la sana doctrina es tan importante. Los creyentes necesitamos que las verdades divinas estén firmemente fijas en nuestra mente, para que estas controlen nuestras prioridades.

En Romanos 13:13-14 el apóstol Pablo contrastó una mente indisciplinada con otra controlada por la verdad bíblica: "Andemos como de día, honestamente; no en glotonerías y borracheras, no en lujurias y lascivias, no en contiendas y envidia, sino vestíos del Señor Jesucristo, y no proveáis para los deseos de la carne". Lo opuesto de andar en imprudente desenfreno por la vida, rendido a toda lujuria, impulso y deseos pecaminosos es "revestirse del Señor Jesucristo". Quienes lo han hecho poseen "la mente de Cristo" (1 Co. 2:16) y pensarán como Él piensa.

Pablo escribió a los tesalonicenses: "Porque todos vosotros sois hijos de luz e hijos del día; no somos de la noche ni de las tinieblas. Por tanto, no durmamos como los demás, sino velemos y seamos sobrios. Pues los que duermen, de noche duermen, y los que se embriagan, de noche se embriagan" (1 Ts. 5:5, 8). Pedro exhortó a los creyentes en su primera epístola, diciéndoles: "Sed sobrios, y velad; porque vuestro adversario el diablo, como león rugiente, anda alrededor buscando a quien devorar" (1 P. 5:8). Una mente sobria es una defensa excelente en contra de los ataques de Satanás.

LAS PRIORIDADES BÍBLICAS DE UNA PERSONA AUTODISCIPLINADA

Hemos observado ya que la autodisciplina es importante desde una perspectiva humana, y hemos enumerado algunos principios que ayudan al creyente a procurar la autodisciplina. Todos ellos implican dos cosas: Una idea correcta con respecto a la verdad bíblica y un compromiso a obedecer esa verdad. Examinemos esas prioridades fundamentales de una persona autodisciplinada.

Recuerde quien es su dueño

Nuestra sociedad narcisista, ensimismada, egocéntrica nos dice constantemente que somos reyes de nuestro pequeño mundo, que tenemos derecho de ser lo que se desea ser, establecer nuestras propias metas, buscar nuestros propios sueños, escoger nuestro propio estilo de vida, e ignorar a quienes nos dicen qué hacer o se ponen en nuestro camino. Los dos distintivos de nuestra cultura son: Derechos personales y libertad personal. Pero la Biblia enseña lo contrario con toda claridad. La Biblia revela que Dios es el verdadero dueño de todos los seres humanos porque Él los creó y de todos los creyentes porque es nuestro Padre quien nos compró.

Los cristianos recibimos consuelo en la verdad bíblica, frecuentemente repetida, de que Dios es nuestro Padre (vea Mt. 5:16; 18:14; 23:9; Mr. 11:25; 1 Ts. 1:3; 3:13; etcétera). Pero el corolario de esa verdad frecuentemente olvidado es que debemos nuestra obediencia a Dios. Primera Pedro 1:14 exhorta a los creyentes a ser "hijos obedientes". Dejar de obedecer a Dios es robarle algo que propiamente le pertenece. "Si, pues, soy padre", demandó Dios del Israel rebelde y desobediente "¿dónde está mi honra?" (Mal. 1:6).

Los creyentes también pertenecemos a Dios porque Él nos compró a un precio inconmensurable, la muerte de su amado Hijo, Jesucristo. Pablo, con asombro, preguntó a los corintios: "¿O ignoráis que vuestro cuerpo es templo del Espíritu Santo, el cual está en vosotros, el cual tenéis de Dios, y que no sois vuestros?" (1 Co. 6:19: vea 7:23). Y añade en el versículo 20: "Porque habéis sido comprados por precio; glorificad, pues, a Dios en vuestro cuerpo y en vuestro espíritu, los cuales son de Dios".

Pedro describe el precio que Dios pagó para redimir a los creyentes de esta manera: "Sabiendo que fuisteis rescatados de vuestra vana manera de vivir, la cual recibisteis de vuestros padres, no con cosas corruptibles, como oro o plata, sino con la sangre preciosa de Cristo, como de un cordero sin mancha y sin contaminación" (1 P. 1:18-19). En Hechos 20:28 Pablo describe a la iglesia, diciendo que fue "ganada [comprada] por su propia sangre". A los gálatas, les escribió: "Cristo nos redimió de la maldición de la ley, hecho por nosotros maldición (porque está escrito: Maldito todo el que es colgado en un madero)" (3:13). El sorprendente precio que Dios pagó para redimirnos fue la muerte expiatoria de Cristo en la cruz, donde fue hecho maldición por nosotros. El inmaculado Hijo de Dios llevó los pecados de todos nosotros sobre sí mismo (2 Co. 5:21) y satisfizo plenamente las demandas de la justicia de Dios (Ro. 3:26) y aplacó su santa ira contra el pecado.

La comprensión de que no nos pertenecemos a nosotros mismos, sino que Dios es nuestro Señor y Dueño nos motivará a ser un pueblo auto disciplinado. Los cristianos iremos en pos de la santidad cuando entendamos cuál fue el precio que Jesucristo pagó para redimirnos.

Esa comprensión estaba en el corazón mismo de la respuesta de Pablo a la lealtad, la dedicación y el compromiso con Dios. Pablo nunca dejó de sorprenderse de que Dios escogiera salvarlo, un hombre que salvajemente y sin descanso persiguió al pueblo de Dios. Incluso en la postrimería de su vida, años después de que Dios lo salvó en el camino de Damasco, afirmó: "Palabra fiel y digna de ser recibida por todos: que Cristo Jesús vino al mundo para salvar a los pecadores, de los cuales yo soy el primero... Este mandamiento, hijo Timoteo, te encargo, para que conforme a las profecías que se hicieron antes en cuanto a ti, milites por ellas la buena milicia" (1 Ti. 1:15, 17).

El reconocimiento de Pablo de todas las implicaciones de su salvación lo llevó a sacrificar su comodidad, salud y, a la postre, su vida por el Dios que lo había redimido. Diferente de muchos cristianos, el noble apóstol nunca olvidó que en el momento de su salvación se convirtió en un hijo de Dios obediente y un esclavo voluntario. Y él fielmente a través de todas las dificultades de la vida otorgó la obediencia debida a su Padre y Señor. Los que, como Pablo, reconocen que no son los señores soberanos de la vida de ellos dan un paso importante hacia la autodisciplina.

Recuerde el pacto de salvación

Es una verdad fundamental clara e inequívocamente enseñada a través de las Escrituras, que la salvación es totalmente una obra de Dios. Pecadores no regenerados, muertos en pecado (Ef. 2:1), son incapaces de salvarse así mismos (Ro. 5:6). Si Dios no hubiera escogido a los creyentes para salvación desde antes de la fundación del mundo (Ef. 1:4; 2 Ts. 2:13), si no hubiera enviado a Cristo a morir por sus pecados, y si no los hubiera regenerado por el poder del Espíritu Santo (Tit. 3:5), ninguno sería salvo.

Pero hay otro aspecto de la salvación. La soberanía divina no elimina la responsabilidad humana. En la salvación, Dios promete perdonar a los pecadores arrepentidos, derramar su gracia en ellos y llevarlos a la gloria. Pero el creyente también hace una promesa al ser salvo, la promesa de obedecer a Jesucristo como su Salvador. Esa promesa es un corolario ineludible para confesar y alejarse del pecado. Todos los seres humanos están o en rebelión contra Dios o en sumisión a Él. No hay término medio, no hay una tercera opción. La fe salvadora reconoce el pecado y, por lo tanto, incluye el arrepentimiento. La fe salvadora reconoce el señorío de Cristo y, por lo tanto, incluye la sumisión.

Es verdad que la mayoría de las personas no comprende en el momento de la salvación todo lo que implica la sumisión al señorío de Cristo. No tienen todavía un entendimiento de las Escrituras o una completa comprensión de la vida cristiana y todos sus desafíos. Pero esas personas saben que en el acto de la salvación se comprometen a seguir a Jesucristo.

En su primera epístola, Pedro enseñó que el resultado de la soberanía del Padre al elegir a los creyentes, y de la regeneración del Espíritu Santo, es que ellos "obedecerán a Jesucristo" (1 P. 1:2; vea el v. 22). Contrario a lo que algunos hacen hoy, la Biblia nunca separa la obediencia de la salvación en pasajes como Hechos 6:7; Romanos 1:5; 15:18; 16:26; y Hebreos 5:9.

La salvación no es simplemente un acto inicial de obediencia. También resulta en una vida de obediencia. En Efesios 2:10 Pablo dice: "Porque somos hechura suya, creados en Cristo Jesús para buenas obras, las cuales Dios preparó de antemano para que anduviésemos en ellas". De modo que las buenas obras están tan ligadas con la fe salvadora genuina que Santiago pudo decir: "Porque como el cuerpo sin espíritu está muerto, así también la fe sin obras está muerta" (2:26). Por supuesto, que las buenas obras no salvan. Pero son una consecuencia inevitable de nuestra salvación.

Regresando a 1 Pedro 1:2, Pedro entonces describe a los creyentes como quienes "han sido rociados con la sangre de Cristo". Ese cuadro es tomado prestado de la afirmación del pacto mosaico en Éxodo 24. Después de oír la lectura del pacto, los israelitas prometieron obedecerlo (v. 7).

Moisés entonces les roció con la sangre del sacrifico para sellar el compromiso de ellos con el pacto de la salvación, es decir, obediencia a Dios.

Un cristiano auto disciplinado es aquel que se acuerda del compromiso que hizo en el momento de la salvación de obedecer a Dios. Tal creyente, entonces, tiene la integridad para permanecer fiel a su compromiso. (Vea otra vez el capítulo 2.)

Reconozca que el pecado viola su relación con Dios

El pecado es mucho más que la violación de un código. La Biblia enseña que todo pecado es al fin y al cabo contra Dios y viola nuestra relación con nuestro Padre celestial. Después de su repudiable pecado de adulterio con Betsabé y el resultante asesinato de su esposo, David clamó a Dios: "Contra ti, contra ti solo he pecado, y he hecho lo malo delante de tus ojos; para que seas reconocido justo en tu palabra, y tenido por puro en tu juicio" (Sal. 51:4). Pedro exhorta a los creyentes: "Y si invocáis por Padre a aquel que sin acepción de personas juzga según la obra de cada uno, conducíos en temor todo el tiempo de vuestra peregrinación" (1 P. 1:17). En otras palabras, si usted es un hijo de Dios, ¡compórtese como tal! No viole su relación íntima con Él a causa del pecado (vea 1 Co. 6:15-17).

Pablo ilustra ese principio en su carta a los filipenses. En el capítulo 2 dio a los creyentes una serie de mandamientos (vv. 2-4, 12-18). Pero el apóstol introduce esos mandamientos al dar a sus lectores la motivación para obedecerlos: El estímulo, la consolación, la comunión, el afecto y compasión de que disfrutaban debido a su relación con Dios (v. 1)

Los creyentes debemos obedecer los mandamientos de las Escrituras porque quebrantarlos viola nuestra relación con Dios. Ver el pecado bajo esa luz es una importante motivación para desarrollar la autodisciplina para evitarlo.

Controle su imaginación

La imaginación es en verdad algo maravilloso. Es la parte creativa del hombre, donde los artistas conciben su arte, los músicos su música, y los autores sus libros. Es donde los rascacielos, los puentes y las casas toman forma por primera vez, antes de que sus diseños sean trazados en papel. La imaginación es donde las personas cultivan los sueños que a la postre se fraguan en la vida de cada una de ellas.

Pero igual que los otros dones de Dios a los hombres, la imaginación puede usarse de manera perversa y pecaminosa. Pero es en la imaginación donde la tentación se anida, las fantasías malignas brotan y las pasiones pecaminosas son inflamadas. Para convertirse en una persona auto disciplinada, usted necesita aprender a controlar su imaginación. Es ahí donde debe pelearse la batalla contra el pecado.

Santiago 1:14-15 expone el origen del pecado y como progresa de la tentación al acto pecaminoso: "sino que cada uno es tentado, cuando de su propia concupiscencia es atraído y seducido. Entonces la concupiscencia, después que ha concebido, da a luz el pecado; y el pecado, siendo consumado, da a luz la muerte". El problema del hombre no yace en su ambiente, aunque vivir en un mundo pecaminoso y caído hace inevitable el peligro de la tentación. El problema está dentro de nosotros, en nuestra imaginación. Ahí las circunstancias pecaminosas, las situaciones, los pensamientos, las palabras y los conceptos a los que somos expuestos son interiorizados. La imaginación, pues, se convierte en el lugar donde la tentación es alimentada y las fantasías se desarrollan y, si no son vigilados, producirán actos pecaminosos. La imaginación culmina las acciones pecaminosas aún antes de que estas sean cometidas (vea Mt. 5:21-22, 27-28).

La imaginación es donde la batalla contra el pecado se gana o se pierde. Hay dos pensamientos en conflicto que luchan por el control de nuestra imaginación cuando somos tentados. Uno es el que dice que el pecado traerá placer (He. 11:25). El otro es que el pecado deshonrará a Dios. Ahí es donde yace la batalla. ¿Cuál pensamiento se apoderará de la imaginación, levantará las emociones y moverá la voluntad?

¿Cómo podemos contraatacar el pecado que procura capturar nuestra imaginación? El salmista sabía la respuesta: "En mi corazón he guardado tus dichos, para no pecar contra ti" (Sal. 119:11). La lectura y el estudio de la Palabra y, sobre todo, la meditación en las Escrituras (Jos. 1:8; Sal. 19:14; Fil. 4:8) llena nuestra imaginación de la verdad divina, dificultando que las tentaciones pecaminosas tengan un punto de apoyo.

La batalla espiritual tiene campos bien definidos. Podemos llenar nuestra mente con verdades bíblicas saludables y conocer la victoria sobre el pecado. O podemos permitir que las tentaciones pecaminosas, a las que estamos constantemente expuestos, gobiernen nuestra imaginación sin control. Eso conducirá a la derrota en la batalla espiritual y a las consecuencias trágicas del pecado. Las siglas de la ciencia de computación BABA ("basura adentro, basura afuera"), es también aplicable a la vida espiritual. Una persona auto disciplinada prestará atención al consejo sabio de Salomón: "Sobre toda cosa guardada, guarda tu corazón; porque de él mana la vida" (Pr. 4:23).

Concéntrese en las causas de Dios

Una última manera de llegar a ser auto disciplinado es cambiar el punto de atención de uno mismo y ponerlo en las causas de Dios. Aún los inconversos harán sacrificios inmensos, casi increíbles, por las causas con las que están comprometidos, ¿Podemos nosotros que servimos al Dios vivo hacer menos? Es axiomático que las personas cuya vida importa a Dios no son egoístas con respecto a esa misma vida. Jim Elliot, un misionero mártir, escribió: "No es un tonto quien da lo que no puede retener para ganar lo que no puede perder" (Elisabeth Elliot, *Shadow of the Almighty*, [La sombra del Todopoderoso] [San Francisco: Harper & Row, 1958], 108). Como cristianos, confrontamos una amedrentadora tarea como embajadores de Dios, llevando el mensaje vivificante de reconciliación al mundo perdido (2 Co. 5:19-20). La enormidad de ese desafío, si lo tomamos seriamente, nos obligará a auto disciplinarnos, porque solo entonces podemos servir la causa de nuestro Maestro eficazmente. Comenzará a juntar los cabos sueltos de su vida cuando ya no esté viviendo para sí mismo.

Muchos hoy día parecen pensar que la meta de la vida cristiana es que Jesús nos haga saludables, ricos y felices. Pero si eso es verdad, alguien olvidó decírselo al apóstol Pablo. Casi desde el momento de su conversión en el camino a Damasco, Pablo sufrió penurias, persecución y dolor por la causa de Cristo. Las palabras proféticas de Jesús acerca de él: "Porque donde hay testamento, es necesario que intervenga muerte del testador" (He. 9:16), estableció el rumbo del resto de la vida de Pablo.

Pero, a pesar de los sufrimientos que padeció, el compromiso de Pablo y su dedicación a cumplir con el ministerio que el Señor le dio nunca vaciló. Hechos 20 relata la visita del apóstol a Mileto, una ciudad en el Asia Menor a unos cuarenta y ocho kilómetros al sur de Éfeso. Dándose prisa para llegar a Éfeso donde había ministrado por un tiempo largo. Pero no podía dejar pasar la oportunidad para dar a los ancianos de la iglesia en Éfeso una última palabra de exhortación y ánimo (v. 17ss). En el contexto de ese mensaje de despedida, Pablo aludió a sus temores por su seguridad una vez que llegara a Jerusalén:

> *"Ahora, he aquí, ligado yo en espíritu, voy a Jerusalén, sin saber lo que allá me ha de acontecer, salvo que el Espíritu Santo por todas las ciudades me da testimonio, diciendo que me esperan prisiones y tribulaciones. Pero de ninguna cosa hago caso, ni estimo preciosa mi vida para mí mismo, con tal que acabe mi carrera con gozo, y el ministerio que recibí del Señor Jesús, para dar testimonio del evangelio de la gracia de Dios".*
>
> *(Hch. 20:22-24)*

Había algo mucho más allá de Pablo que lo impulsaba, algo tan importante para él que, comparado con esto, su vida no tenía valor para él: Servir a Cristo hasta su último aliento. La dedicación de Pablo a la causa de Cristo produjo en él una tremenda autodisciplina. Y esa autodisciplina lo mantuvo en el camino hasta el final de su vida (2 Ti. 4:7).

Cuando recuerda quien es su dueño, reconoce el pacto de obediencia que usted hizo en el momento de la salvación, reconoce el pecado como una violación de su relación con Dios aprende a controlar su imaginación, y vive para proclamar el reino de Dios se convertirá en una persona autodisciplinada que agrada al Señor.

12

ADORAR A DIOS EN ESPÍRITU Y EN VERDAD

Hace años un explorador emprendió un viaje largo y difícil a través de la casi impenetrable selva de la región del Alto Amazonas. Intentando ganar tiempo, obligó a los porteadores a ir adelante sin descanso, viajando a marcha forzada durante dos días. Pero al tercer día, al llegar al límite de sus fuerzas, los hombres se sentaron al lado de sus cargas y rehusaron obedecer. Finalmente, frustrado exigió una explicación del capataz: "Están esperando que el alma de cada uno de ellos se ponga a la par con el cuerpo", fue la respuesta.

Esa historia adecuadamente describe la situación en la que se encuentran muchos cristianos. Fatigados a causa de sus frenéticas actividades religiosas, necesitan detenerse y dejar que el alma de cada uno de ellos se ponga a la par con el cuerpo. Como Marta (Vea Lc. 10:40), están distraídos con su servicio espiritual. Como María necesitan sentarse a los pies del Señor en adoración reverente (vv. 39, 42).

Pero en la iglesia egocéntrica y pragmática de hoy día la adoración no constituye un énfasis principal. En su interés por apelar a las necesidades personales de los no cristianos, muchas iglesias han transformado radicalmente sus cultos dominicales. Casi cualquier cosa es válida: Música secular contemporánea, parodias, presentaciones audiovisuales elaboradas, comedías, bailes, actos de magia, o sea, cualquier cosa, al parecer, excepto la predicación bíblica sólida y la adoración a Dios de corazón.

Convertir el culto de adoración en un ridículo circo de entretenimiento evangélico inevitablemente resultará en restar importancia a la adoración. La adoración no tiene cabida en un culto dirigido a entretener a los no cristianos "interesados" y a hacerlos sentir cómodos y no amenazados. Puesto que está centrada en Dios, la adoración no florece en una atmósfera antropocéntrica.

Constituir a los no creyentes en el punto central cuando la iglesia está reunida es una trágica tergiversación del patrón bíblico. La iglesia debe reunirse primordialmente para adorar, no para evangelizar. Debe reunirse para alabar y adorar a Dios colectivamente, no para entretener a los inconversos. La meta de la iglesia no es para que los incrédulos se sientan cómodos. En realidad, es exactamente lo contrario. Cuando un inconverso entra en una iglesia que adora a Dios, "lo oculto de su corazón se hace manifiesto; y así, postrándose sobre el rostro, adorará a Dios, declarando que verdaderamente Dios está entre vosotros". De modo que adorar no es una opción que se cuela tranquilamente en la vida de la iglesia de la manera más inofensiva y directa posible o ignorada totalmente. Es el corazón mismo y el alma de todo lo que somos como cristianos. En realidad, mi definición de un cristiano se encuentra en Filipenses 3:3, donde el apóstol Pablo describe a los cristianos como quienes "en espíritu servimos a Dios y nos gloriamos en Cristo Jesús".

Pero una iglesia puede adorar colectivamente solo si está compuesta de adoradores, solo si es una iglesia de Marías y no solo de Martas. Hay que notar, sin embargo, que ser un adorador no excluye servir a Dios. La misma María que se sentó reverentemente a los pies de Jesús también realizó uno de los actos más humildes de servicio registrado en las Escrituras (Jn. 12:3). El servicio es importante, pero tiene que fluir de un corazón adorador.

DEFINICIÓN DE LA ADORACIÓN

Juan 4:20-24 proporciona un buen punto de partida para una discusión bíblica de la adoración:

"Nuestros padres adoraron en este monte, y vosotros decís que en Jerusalén es el lugar donde se debe adorar. Jesús le dijo: Mujer, créeme, que la hora viene cuando ni en este monte ni en Jerusalén adoraréis al Padre. Vosotros adoráis lo que no sabéis; nosotros adoramos lo que sabemos; porque la salvación viene de los judíos. Mas la hora viene, y ahora es, cuando los verdaderos adoradores adorarán al Padre en espíritu y en verdad; porque también el Padre tales adoradores busca que lo adoren. Dios es Espíritu; y los que lo adoran, en espíritu y en verdad es necesario que adoren".

El pasaje registra una porción de la conversación entre Jesús y una mujer samaritana. De regreso a Galilea después de ministrar en Judea, Jesús se detuvo en un pozo cerca de la aldea de Sicar en Samaria. Sediento después del viaje, Jesús pidió a la mujer que sacara agua y le diera de beber. Perpleja, ella le preguntó por qué Él, un judío, le pediría a una despreciada samaritana que le diera agua. Jesús entonces alejó la conversación del tema del agua física al del agua como símbolo de la vida eterna. Ella ansiosa le pidió a Jesús de esa agua, pero su respuesta enigmática fue que ella fuera primero a buscar a su marido y lo trajera con ella. Esa simple petición descubrió su pecado, ya que había estado casada cinco veces y ahora vivía con un hombre que no era su marido.

Apenada por su solicitud, la mujer cambió el tema, refiriéndose al tema ardientemente debatido de dónde debía adorarse a Dios. Los judíos naturalmente sostenían que Dios solo podía ser adorado debidamente en el templo en Jerusalén. Los samaritanos optaban por el Monte Gerizím, no muy lejos de Sicar, donde su templo había estado antes de su destrucción cerca de un siglo antes. Aunque ese templo nunca fue restaurado, los samaritanos continuaban adorando en el Monte Gerizím. El tema de la conversación, entonces, era la adoración. La mujer correctamente entendió que enderezar su vida era un acto de adoración.

La adoración puede definirse como el honor dado a un ser superior. El vocablo castellano "adorar" precede del latín *adorare* (de ad=a y orde=orar), es decir, reverenciar y honrar a Dios. El vocablo connota otorgar valor y honra a alguien o algo. El vocablo griego traducido "adorar" en Juan 4 es *proskyne* que literalmente significa "besar a alguien", "arrodillarse delante de alguien" o "postrarse delante de alguien superior".

La adoración debe distinguirse del ministerio. El ministerio llega a nosotros del Padre, a través del Hijo, en el poder del Espíritu Santo, luego fluye de nosotros. La adoración procede de nosotros a través del poder del Espíritu en el nombre del Hijo y de regreso al Padre. El ministerio desciende a nosotros del Padre. La alabanza asciende de nosotros al Padre. El ministerio puede asemejarse a los profetas que hablaron al pueblo de Dios.

La adoración puede asemejarse a los sacerdotes que hablaron a Dios por el pueblo.

Pero no debe considerarse el ministerio como algo sin relación con la adoración. En realidad, el propósito del ministerio es hacer resaltar la adoración. Escuchar la enseñanza de la Palabra de Dios aumenta nuestra capacidad para adorar a Dios, y escuchar a otros ministrar mediante el canto eleva nuestro corazón a Dios en alabanza. Si usted va a la iglesia procurando solo recibir, se ha equivocado. Nos reunimos con otros creyentes para ministrarlos e incluso lo que recibimos nos capacita para dar. La Biblia enseña que las acciones igual que las actitudes y las palabras pueden constituir adoración (vea Ro. 15:16; Fil. 1:11; 4:18; 1 Ti. 2:3; He. 13:15-16).

Adorar es dar a Dios el honor que Él merece. Brota de un corazón lleno de gratitud por el poder salvador de Dios y su bondad sin límites. "Rebosa mi corazón palabra buena; dirijo al rey mi canto; mi lengua es pluma de escribiente muy ligero" (Sal. 45:1). El vocablo hebreo traducido "rebosa" significa "burbujear" como el agua hirviendo que se desborda en una olla. El libro de Salmos se divide en cinco partes, cada una de ellas termina con una doxología. Todas las verdades en los salmos con respecto a la naturaleza y a las obras de Dios a la postre resultarán en una expresión de alabanza que brota de corazones adoradores.

De igual manera, después de escribir once capítulos en Romanos exponiendo la doctrina de la salvación, Pablo irrumpe en alabanza a

Dios: "¡Oh profundidad de las riquezas de la sabiduría y de la ciencia de Dios! ¡Cuán insondables son sus juicios, e inescrutables sus caminos! Porque ¿quién entendió la mente del Señor? ¿O quién fue su consejero? ¿O quién le dio a él primero, para que le fuese recompensado? Porque de él, y por él, y para él, son todas las cosas. A él sea la gloria por los siglos. Amén" (Ro. 11:33-36)

Pablo concluye la carta a los romanos con otra doxología:

> *"Y al que puede confirmaros según mi evangelio y la predicación de Jesucristo, según la revelación del misterio que se ha mantenido oculto desde tiempos eternos, pero que ha sido manifestado ahora, y que por las Escrituras de los profetas, según el mandamiento del Dios eterno, se ha dado a conocer a todas las gentes para que obedezcan a la fe, al único y sabio Dios, sea gloria mediante Jesucristo para siempre. Amén".*
>
> *(Ro. 16:25-27)*

Gálatas 1:3-5; 1 Ti. 1:13-17; 2 Ti. 4:18 registran otras ocasiones en los que el corazón de Pablo se desborda de alabanza y adoración a Dios.

En su conversación con la mujer samaritana, Jesús establece tres verdades fundamentales con respecto a la adoración: Su origen, su objeto y su naturaleza. Entender esos principios clave lo ayudará a usted a adorar a Dios como Él merece.

EL ORIGEN DE LA ADORACIÓN

¿Dónde se origina la adoración? Jesús contestó esa pregunta cuando le dijo a la mujer samaritana: "Mas la hora viene, y ahora es, cuando los verdaderos adoradores adorarán al Padre en espíritu y en verdad; porque también el Padre tales adoradores busca que le adoren" (Jn.4:23). Las personas se convierten en verdaderos adoradores de Dios solo porque es Él quien primero los busca. Jesús dijo en Lucas 19:10: "Porque el Hijo del Hombre vino a buscar y a salvar lo que se había perdido". El hombre caído, muerto en delitos y pecados (Ef.

2:1), es incapaz de buscar a Dios por sí solo. Y, como Pablo escribió en Romanos 3:10-12 nadie lo hace: "Como está escrito: No hay justo, ni aun uno; no hay quien entienda, no hay quien busque a Dios. Todos se desviaron, a una se hicieron inútiles; no hay quien haga lo bueno, no hay ni siquiera uno". Por esa razón, Cristo declaró en Juan 6:44, "Ninguno puede venir a mí, si el Padre que me envió no le trajere; y yo le resucitaré en el día postrero. Escrito está en los profetas: Y serán todos enseñados por Dios. Así que, todo aquel que oyó al Padre, y aprendió de él, viene a mí". El hombre está perdido, y es Dios quien lo busca. Por lo tanto, el origen de la verdadera adoración es Dios mismo. Los cristianos nos convertimos en verdaderos adoradores de Dios en el momento de la salvación, continuamos adorándolo a lo largo de la vida de cada uno de nosotros y, junto con los santos ángeles, lo adoraremos por la eternidad.

La adoración en el Antiguo Testamento

La meta del plan redentor de Dios en el Antiguo Testamento fue la de atraer adoradores a sí mismo. Cinco simples verdades, constantemente repetidas a través del Antiguo Testamento, resumen su contenido.

El Antiguo Testamento revela el carácter de Dios: Presenta la grandeza, la majestad, la maravilla y la santidad de su persona y su obra.

El Antiguo Testamento pronuncia bendiciones sobre quienes adoran y obedecen a Dios: El Salmista escribió: "Bienaventurado el hombre que teme a Jehová, y en sus mandamientos se deleita en gran manera" (Sal. 112:1).

El Antiguo Testamento pronuncia maldiciones sobre quienes desobedecen y dejan de adorar a Dios. Deuteronomio 28:15-10 enumera alguna de las maldiciones prometidas a Israel por su desobediencia.

El Antiguo Testamento enseña la necesidad de un sacrificio definitivo por el pecado. Aquel que derrotaría a Satanás, al pecado y a la muerte fue prometido ya en Génesis 3:15. Y los innumerables corderos sacrificados bajo la ley mosaica ilustraban es sacrificio final del Cordero de Dios (vea Jn. 1:29). Después de su muerte, Jesús reiteró a sus discípulos la enseñanza veterotestamentaria con respecto a sí mismo (Lc. 24:27, 44-47).

El Antiguo Testamento enseña que el Mesías un día establecerá su glorioso reino en la tierra. Isaías 11, entre muchos otros pasajes, describe ese reino venidero.

Todas esas verdades fundamentales deben generar adoración. La naturaleza y las obras de Dios nos mueven a alabarlo. Los que adoramos al verdadero Dios somos bienaventurados, mientras que quienes no lo hacen son malditos. El sacrificio de Jesucristo, el Mesías prometido, es el medio que Dios usa para redimir a los pecadores que se convierten en verdaderos adoradores. Y el reino glorioso, con el estado eterno que le sigue, será un tiempo de alabanza y adoración interminable del Rey.

La adoración es introducida en Génesis. Los patriarcas Abraham, Isaac y Jacob eran adoradores de Dios. En el Pentateuco, Dios ordenó y reguló la adoración. La descripción detallada del tabernáculo que abarca casi doscientos cincuenta versículos en Levítico, enfatizada la alta prioridad que Dios dio a la adoración. La estructuración divinamente ordenada del campamento de Israel durante la peregrinación por el desierto también enfatiza la importancia de la adoración. El tabernáculo era el foco central del campamento, con las diferentes tribus acampadas a su derredor en sus cuatro lados (Nm. 2:2ss). El propósito de la ley mosaica, incluyendo todas las ceremonias prescritas, los rituales y los sacrificios debía regular la adoración de Dios. El libro de los Salmos era el himnario de Israel, expresando alabanza y adoración a Dios. Y la misión de los profetas era reprender la falsa adoración de Israel y llamar al pueblo a regresar a una adoración adecuada del verdadero Dios (vea Is. 1:11-20; Os. 6:4-5; Am. 5:21-24; Mal. 1:6-14).

Negativamente, la importancia de la adoración en el Antiguo Testamento puede verse en las severas consecuencias de la adoración inadecuada. El fracaso de Adán y Eva de adorar debidamente a Dios llevó a la raza humana al pecado. La adoración inadecuada de Caín fue rechazada, después de lo cual asesinó a su hermano Abel en un brote malvado de celos. La apropiación ilegal del incienso usado en la adoración a Dios era castigado con la muerte (Éx. 30:34-38). Nadab y Abiú fueron ejecutados por dejar de llevar a cabo su responsabilidad sacerdotal con respecto a la adoración de la manera prescrita (Lv. 10:1-3). La intrusión de Saúl en las funciones sacerdotales le costó su reinado (1 S. 13:8-14). Uza se equivocó al no tratar el arca del pacto con el respeto debido y Dios lo mató por su irreverente acto de adoración (2 S. 6:6-7).

En Mateo 22, se le preguntó a Jesús cuál era el más grande mandamiento de la ley. Su respuesta no solo resumió el propósito de la ley, sino de todo el Antiguo Testamento: "Y uno de ellos, intérprete de la ley, preguntó por tentarle, diciendo: Maestro, ¿cuál es el gran mandamiento en la ley? Jesús le dijo: Amarás al Señor tu Dios con todo tu corazón, y con toda tu alma, y con toda tu mente. Este es el primero y grande mandamiento. Y el segundo es semejante: Amarás a tu prójimo como a ti mismo. De estos dos mandamientos depende toda la ley y los profetas" (22:35-40). La ley y los profetas (una designación judía para el Antiguo Testamento), por lo tanto, tenían como su propósito final la promoción de la verdadera adoración.

La adoración en el Nuevo Testamento

El Nuevo Testamento registra el cumplimiento del plan redentor anticipado en el Antiguo Testamento. Este también enfatiza la adoración como la meta final de la salvación.

Cuando Jesús vino al mundo, lo hizo para ser adorado. Jesús recibió adoración aún antes de su nacimiento, por los padres de Juan el Bautista (Lc. 1:41-42; 67-69), y por los ángeles tanto en su nacimiento como poco después (He. 1:6), por los pastores Lc. 2:8-20) y por los sabios del oriente (Mt. 2:1-2, 11). Incluso el malvado rey Herodes manifestó un falso deseo de adorarlo (Mt. 2:8). Durante su ministerio, Jesús recibió adoración de un leproso (Mt. 8:2), el principal de una sinagoga (Mt. 9:18), sus discípulos (Mt. 14:33), Santiago, Juan y la madre de ellos (Mt. 20:20), un ciego a quien había sanado (Jn. 9:38), e incluso un endemoniado cuyos atormentadores infernales sabían muy bien quien era Jesús (Mr. 5:6). Después de su resurrección las mujeres (Mt. 28:9) y sus discípulos (Mt. 28:17) rindieron adoración reverente a Jesús.

El libro de Apocalipsis concluye el Nuevo Testamento ofreciendo constantes vistazos de la adoración que tiene lugar en el cielo (4:10; 5:14; 7:11; 11:16; 19:4). De modo que de principio a fin, el Nuevo Testamento revela el desarrollo del plan redentor de Dios para atraer a sí mismo a los verdaderos adoradores (vea Ro. 12:1; Fil. 3:3; He. 12:28).

EL OBJETO DE LA ADORACIÓN

En su conversación con la mujer samaritana, Jesús reveló dos realidades con respecto a Dios que son esenciales para la verdadera adoración. Dios debe ser adorado como Padre (Jn. 4:21, 23) y como Espíritu (Jn. 4:24).

Adorar a Dios como Espíritu

Decir que Dios es espíritu es definir su naturaleza esencial. No debe ser concebido o representado en términos materiales: "Mirad mis manos y mis pies, que yo mismo soy; palpad, y ved; porque un espíritu no tiene carne ni huesos, como veis que yo tengo" (Lc. 24:39). Por lo tanto, cualquier forma de idolatría es errónea y blasfema, como lo es cualquier punto de vista panteísta que identifica a Dios con el universo. Como espíritu, Dios es invisible (Col.1:15; 1 Ti. 1:17). Él no puede ser visto, aunque se ha revelado a través de manifestaciones físicas. En el Antiguo Testamento Dios reveló su presencia a través de fuego, nube y de la *Shekinah* (la manifestación visible de la gloria de Dios; vea 2 Cr. 7:1-2). El Nuevo Testamento presenta la revelación final de Dios cuando se hizo hombre en la persona de Jesucristo. Pero Dios no puede ser visto en su naturaleza esencial. El apóstol Juan escribió: "A Dios nadie le vio jamás; el unigénito Hijo, que está en el seno del Padre, él le ha dado a conocer" (Jn. 1:18).

Como espíritu, Dios también es "eterno e inmortal" (1 Ti. 1:17). Decir que Dios es eterno significa que no fue creado y que siempre ha existido. Decir que es inmortal significa que no está sujeto a la muerte y que siempre existe.

La Biblia señala repetidas veces la pecaminosa insensatez de reducir a Dios a una imagen o limitarlo a un sitio específico. A los filósofos paganos de Atenas, Pablo les dijo: "Siendo, pues, linaje de Dios, no debemos pensar que la Divinidad sea semejante a oro, o plata, o piedra, escultura de arte y de imaginación de hombres" (Hch. 17:29). En 1 Reyes 20:28 Dios reprendió a los sirios porque insensatamente se imaginaron que el Dios de Israel estaba limitado a las montañas. Dios reprendió a los malvados en el Salmo 50:21 porque se imaginaron que Él era como ellos. En Isaías 46:5, Dios exigió: "¿A quién me asemejáis, y me igualáis, y me comparáis, para que seamos semejantes?" La obvia respuesta es: "A nadie". Aún el tabernáculo y el templo no albergaban ninguna representación de Dios. Aunque su presencia era visiblemente manifiesta en esos lugares, estos no contenían ninguna figura que representara a Dios.

Para adorar a Dios debidamente, debemos hacerlo como Espíritu, dándole alabanza y honor por sus "atributos invisibles" (Ro. 1:20), tales como su omnipotencia, omnisciencia, omnipresencia, inmutabilidad, eternidad, amor, justicia, bondad, amabilidad, misericordia, gracia, justicia, ira y santidad. Adorar a Dios es exaltarlo por sus poderosos hechos de la creación y la redención además de reconocer con gratitud su cuidado providencial de nosotros.

Adorar a Dios como Padre

Los judíos de los días de Jesús pensaban de Dios como Padre en el sentido de Creador, aquel que llevó a Israel a la existencia como nación. Para ellos *Padre* no era una expresión de intimidad, sino de creación. Pero ese no es el sentido en que Jesús usó dicho vocablo aquí. Cuando Jesús se refirió a Dios como Padre, no se estaba refiriendo a Él como Padre de la humanidad o de la nación de Israel, sino como a su propio Padre. Jesús afirmaba, por lo tanto, que poseía la misma naturaleza esencial de Dios, una reivindicación que conmovió y enfureció a sus oponentes judíos. En el próximo capítulo del Evangelio de Juan, Jesús confrontó a algunos de esos adversarios con esta verdad esencial. Les declaró: "Mi Padre hasta ahora trabaja, y yo trabajo" (Jn. 5:17). A diferencia de muchos herejes modernos que niegan la deidad de Cristo, los adversarios de Jesús entendieron perfectamente las asombrosas implicaciones de esa declaración. Juan observa: "Por esto los judíos aun más intentaban matarlo, porque no solo quebrantaba el sábado, sino que también decía que Dios era su propio Padre, haciéndose igual a Dios" (v. 18). Ellos percibieron la afirmación de Jesús de ser igual a Dios como blasfemia.

Pero Jesús defendió su argumento, declarando que hacía las mismas obras que el Padre hace (v. 19), incluyendo resucitar los muertos (v. 21) y ejecutar juicio (v. 22). Además, la voluntad de Jesús está en perfecta armonía con la del Padre (v. 20) y Él tiene vida en sí mismo, tal como la tiene el Padre (v. 26). Porque sus palabras son las palabras del Padre. Él hace las obras del Padre, su juicio es el juicio del Padre. Su voluntad es la voluntad del Padre, y su vida es la vida del Padre, Jesús es digno del mismo honor que el Padre (v. 23).

Juan registró otra ocasión cuando Jesús afirmó ser de la misma esencia que el Padre. En Juan 10:30 Jesús dijo a sus adversarios judíos: "Yo y el Padre uno somos". No simplemente quiso decir que tenía el mismo propósito que el Padre. Si eso era todo lo que quiso decir, no hubiera afirmado más de lo que afirmaron los profetas. Y de nuevo sus adversarios claramente entendieron las implicaciones de la afirmación de Jesús, tal como lo demuestra su violenta reacción: "Entonces los judíos volvieron a tomar piedras para apedrearle. Jesús les respondió: Muchas buenas obras os he mostrado de mi Padre; ¿por cuál de ellas me apedreáis? Le respondieron los judíos, diciendo: Por buena obra no te apedreamos, sino por la blasfemia, porque tú, siendo hombre, te haces Dios" (vv. 31-33).

La verdadera adoración necesariamente tiene que ver a Dios como uno en esencia con Jesucristo. O, dicho de otra manera, los verdaderos adoradores tienen que adorar a Jesús como Dios. No hay adoración genuina de Dios sin el completo reconocimiento de la deidad de Jesucristo (vea Jn. 5:23). Los que intentan separar la deidad del Hijo de la adoración son blasfemos y se colocan bajo la maldición de Dios (1 Co. 16:22).

LA NATURALEZA DE LA ADORACIÓN

La verdadera adoración no solo contempla a Dios como su fuente y objeto, también evita dos extremos fatales: Las herejías entusiastas y la ortodoxia árida y sin vida. Los samaritanos y los judíos tipificaron esos dos extremos.

La adoración de los samaritanos era vital, dinámica, apasionada y casi electrizante en su intensidad. La destrucción de su templo en el Monte Gerizím un siglo antes no les había desconcertado, y ellos continuaron adorando en ese monte en tiempos de Jesús. De hecho, un puñado de samaritanos devotos todavía hoy adoran allí.

Pero a pesar de su celo, la adoración de los samaritanos se caracterizaba por la ignorancia. Jesús le dijo a la mujer samaritana: "Vosotros adoráis lo que no sabéis; nosotros adoramos lo que sabemos, porque la salvación viene de los judíos" (Jn.4:22). Los samaritanos solo aceptaban el Pentateuco (los cinco libros de Moisés, de Génesis a Deuteronomio) y rechazaban el resto del Antiguo Testamento. Sin duda, el Pentateuco contiene muchas verdades importantes. Por ejemplo, pasajes tales como Génesis 3:15 y Deuteronomio 18:15 llevaron a los samaritanos a anticipar la venida del Mesías. Después de su conversación con Jesús, la mujer regresó a su aldea y emocionadamente exclamó: "Venid, ved a un hombre que me ha dicho todo cuanto he hecho. ¿No será este el Cristo?" (Jn. 4:29). Pero al tener solo el Pentateuco, había mucho que no podían saber. De dónde Jesús caracterizó su adoración como ignorante.

Por otro lado, los judíos de los días de Jesús (con la excepción de los saduceos) captaban todo el Antiguo Testamento como divinamente inspirado. Jesús dijo a la mujer samaritana: "Vosotros adoráis lo que no sabéis; nosotros adoramos lo que sabemos, porque la salvación viene de los judíos" (4:22). Aunque basada en todo lo que Dios había revelado, la adoración de los judíos era deficiente en la devoción interna a Dios que producía una adoración apasionada. Su tendencia era ser fríamente legalista en extremo, incluso hipócrita. Fue por eso que Cristo limpió el templo y condeno a los judíos por su hipocresía en su primer gran sermón, el Sermón del Monte. Debe notarse especialmente lo que dijo en Mateo 6:1-2: "Guardaos de hacer vuestra justicia delante de los hombres para ser vistos por ellos; de otra manera no tendréis recompensa de vuestro Padre que está en los cielos. Cuando, pues, des limosna, no hagas tocar trompeta delante de ti, como hacen los hipócritas en las sinagogas y en las calles, para ser alabados por los hombres; de cierto os digo que ya tienen su recompensa". Esos versículos captan la esencia de la religión de los judíos. Era solo un espectáculo externo, vacío de toda devoción interior y de amor hacia Dios.

Tristemente, esos dos extremos de falsa adoración permanecen con nosotros hoy. Algunos adoran a Dios solo de labios, pero el corazón de cada uno de ellos está lejos de Él (vea Is. 29:13). Otros entusiastamente promueven la herejía. ¿Cómo podemos evitar la herejía entusiasta de Monte Gerizím y la árida ortodoxia de Jerusalén? Mediante la adoración de Dios en espíritu y en verdad. La verdadera adoración debe incluir ambas cosas. Jesús declaró: "Dios es Espíritu, y los que lo adoran, en espíritu y en verdad es necesario que lo adoren" (Jn. 4:24).

Adorar a Dios en espíritu

El vocablo "espíritu" en el versículo 24 no se refiere al Espíritu Santo, sino al espíritu humano. Habla del ser interior de la persona real. La verdadera adoración, según Jesús, no es una cuestión de cosas externas. No tiene que ver con el adorar en cierto lugar, a cierta hora, usando ciertos ritos o vestidos con ciertas ropas. La verdadera adoración es cuestión del corazón. Pablo usa una palabra griega que se refiere especialmente a la adoración de Dios en Romanos 1:9 cuando dice que servía a Dios en su "espíritu". David escribió: "Bendice, alma mía, a Jehová, y bendiga todo mi ser su santo nombre" (Sal. 103:1). La adoración que David rindió a Dios procedía de lo más profundo de su ser.

Hay cuatro requisitos básicos para adorar a Dios en espíritu:

Usted tiene que estar espiritualmente vivo. Sin el nuevo nacimiento, nadie puede verdaderamente adorar a Dios, como expresa Pablo en 1 Corintios 2:14 "Pero el hombre natural no percibe las cosas que son del Espíritu de Dios, porque para él son locura; y no las puede entender, porque se han de discernir espiritualmente". Los inconversos no pueden adorar en espíritu, porque el espíritu de cada uno de ellos está muerto en pecado (Ef. 2:1-3). De modo que no poseen la capacidad de responder a la verdad espiritual. La transformación interna producida por la salvación es, por lo tanto, un requisito previo necesario para una adoración genuina. Como escribió el salmista: "Así no nos apartaremos de ti; vida nos darás e invocaremos tu nombre" (Sal. 80:18).

Su corazón debe centrarse en Dios. Eso implica contemplar a Dios en todo tiempo, ser capaz de decir con David: "A Jehová he puesto siempre delante de mí; porque está a mi diestra, no seré conmovido" (Sal. 16:8). Sembrar la verdad de Dios en su corazón motiva tal espíritu a la adoración. Para hacer eso, tiene que leer la Palabra, oír sus enseñanzas y, especialmente, meditar en ella. El Señor mandó a Josué, diciéndole: "Nunca se apartará de tu boca este libro de la ley, sino que de día y de noche meditarás en él, para que guardes y hagas conforme a todo lo que está escrito en él, porque entonces harás prosperar tu camino y todo te saldrá bien" (Jos. 1:8). La meditación bíblica se diferencia radicalmente de la que enseñan las religiones orientales. La meta de las meditaciones orientales es vaciar la mente. La meta de la meditación bíblica es llenarla con la verdad de Dios. La meditación bíblica puede definirse como el centrar toda su mente en un tema. La iglesia generalmente ha perdido la capacidad para pensar con profundidad y meditar en la verdad de Dios, y el resultado inevitable de ese pensar superficial es una adoración superficial y vacía de contenido.

Al leer la Biblia, hágalo para aprender más tocante al carácter y a las obras de Dios. Al meditar profundamente en sus majestuosas verdades, su espíritu se alzará en adoración a Dios.

Su corazón debe ser íntegro. David oró en el Salmo 86:11-12: "Enséñame, Jehová, tu camino, y caminaré yo en tu verdad; afirma mi corazón para que tema tu nombre. Te alabaré, Jehová, Dios mío, con todo mi corazón y glorificaré tu nombre para siempre". La adoración brota de un corazón íntegro y sin distracción. Es por eso que usted no puede adorar a Dios mientras esconde algún pecado en su vida. El salmista escribió: "Si en mi corazón hubiera yo mirado a la maldad, el Señor no me habría escuchado" (Sal. 66:18). Jesús enseñó en el Sermón del Monte que resolver la cuestión del pecado contra otros es un requisito previo para la adoración: "Por tanto, si traes tu ofrenda al altar y allí te acuerdas de que tu hermano tiene algo contra ti, deja allí tu ofrenda delante del altar y ve, reconcíliate primero con tu hermano, y entonces vuelve y presenta tu ofrenda" (Mt. 5:23-24). El Señor describe al Israel descarriado a Ezequiel de esta manera: "Y vienen a ti como viene el pueblo, y están delante de ti como pueblo mío. Oyen tus palabras, pero no las ponen por obra, antes hacen halagos con sus bocas y el corazón de ellos anda en pos de su avaricia" (Ez. 33:31). Su alianza dividida les impidió adorar a Dios en verdad, como hicieron los fariseos, a quienes Jesús les advirtió: "Vosotros sois los que os justificáis a vosotros mismos delante de los hombres, pero Dios conoce vuestros corazones, pues lo que los hombres tienen por sublime, delante de Dios es abominación" (Lc. 16:15).

Si usted pretende adorar a Dios en verdad, tiene que tratar constantemente con el pecado en su vida.

Tiene que ser controlado por el Espíritu. Filipenses 3:3 define a los verdaderos adoradores como quienes "adoran a Dios en espíritu". El Espíritu Santo tiene que ser la fuerza motivadora si nuestra adoración ha de ser aceptable. Y para que Él haga tal cosa, tenemos que ser personas controladas por el Espíritu (Ef. 5:18). Ser controlado por el Espíritu significa estar constantemente rendido a Él como lo revela la Palabra (Col. 3:16).

¿Qué nos impide adorar en espíritu? Dicho con una palabra, el ego. Alguien totalmente centrado en sí mismo no es ni siquiera un cristiano. Y los cristianos no podemos adorar a Dios con un corazón dividido entre nosotros mismos y el Señor. Ni podemos ser controlados por el Espíritu si solo rendimos una porción de nuestra vida a su control. Si lo permitimos, el ego siempre obstruirá nuestra adoración. Es ahí donde tiene lugar la batalla para mantener la pureza de nuestra adoración.

Adorar a Dios en verdad

Es axiomático que la verdadera adoración tiene que ser una respuesta a lo que es verdad respecto de Dios. Es por eso que Jesús dijo: "Santifícalos en tu verdad, tu palabra es verdad" (Jn. 17:17). O, en las palabras del salmista: "Porque Dios es el Rey de toda la tierra. ¡Cantad con inteligencia!" (Sal. 47:7). Dios no es honrado cuando lo concebimos diferente de cómo Él es, cuando entendemos mal sus atributos, sus obras, su voluntad y su propósito.

Es por eso, que una comprensión correcta de la Palabra de Dios es crucial. Solo cuando se interpreta correctamente la Palabra de verdad podemos conseguir el conocimiento que es esencial para adorar a Dios de la manera como a Él le agrada.

La adoración genuina une al espíritu con la verdad mientras que nuestro espíritu se eleva en alabanza como respuesta a las realidades indiscutibles reveladas en las Escrituras. No existe un precio especial para la ignorancia ni para la indiferencia hacia la precisión doctrinal. Tampoco hay ningún beneficio en la aprehensión fría y sin gozo de la verdad.

LA PREPARACIÓN DEL CORAZÓN PARA LA ADORACIÓN

Hebreos 10:22 ofrece una lista escueta para la preparación de la adoración a Dios. Antes de adorar al Señor, formúlese las siguientes preguntas:

¿Soy sincero? El escritor de Hebreos dice: "Acerquémonos con corazón sincero". Necesitamos pedir al Señor que nos ayude a poner a un lado todas las distracciones mundanas y a centrarnos en Él.

¿Voy a Él en fe? Necesitamos acercarnos a Dios "en plena certidumbre de fe", es decir, descansando plenamente en la suficiencia del sacrificio de Cristo por nuestros pecados, no en nuestras buenas obras, para obtener acceso en su presencia.

¿Soy humilde? Necesitamos tener "nuestro corazón purificado de mala conciencia". Las acusaciones de la conciencia nos humillan al

recordarnos de nuestros pecados como lo hace el recuerdo de la gracia y la misericordia de Dios hacia nosotros.

¿Soy puro? El escritor de Hebreos expresó esa verdad cuando dijo: "teniendo nuestros cuerpos lavados con agua pura". Necesitamos confesar y abandonar nuestro pecado antes de acercarnos a Dios para adorar.

Si la respuesta a esas cuatro preguntas es sí, podemos acercarnos a Dios con confianza, sabiendo que nuestra adoración será aceptable a Él. Y la bendita verdad es que cuando nos acercamos a Dios sobre la base de sus condiciones, Él promete acercarse a nosotros (Stg. 4:8). Cuando todo eso es verdad en nosotros, seremos conocidos como pueblo de Dios que tiene una actitud genuina de adoración hacia el Dios vivo y verdadero.

13

LA ESPERANZA: NUESTRO FUTURO ESTÁ GARANTIZADO

El futuro de la humanidad es un tema que parece estar en la mente de nuestra gente hoy día. Considere solo el número de libros y películas que tratan el tema de la aniquilación global mediante la guerra nuclear, las invasiones de extraterrestres o los desastres naturales y comprenderá lo que estoy diciendo.

Esas preocupaciones producen en las personas la necesidad de desarrollar algún tipo de seguridad tocante al futuro, no solo sobre su existencia mortal, sino también con respecto a su inmortalidad. Como resultado, muchos se vuelven a las diferentes religiones del mundo y a sus explicaciones del futuro y a sus promesas para el más allá. Un número creciente está confiando hoy en las promesas de la Nueva Era y su creencia en la reencarnación. Aún quienes no se adhieren a ningún código religioso ni a ningún sistema de creencias esperan que sus buenas obras les garantice un lugar en alguna existencia celestial.

Algunas personas confían en su inventiva. Intentan protegerse contra las realidades de las inevitables tragedias de la vida mediante la acumulación de fortunas y gastarlas en investigaciones médicas no solo para prolongar la vida, sino para eludir la muerte. A la postre las personas necesitan poner su confianza en algo para darse a sí mismas alguna seguridad con respecto al futuro.

Ciertas personas, sin embargo, descartan toda esperanza y creen que no hay vida después de la muerte. Esa postura les permite ir en pos de una filosofía hedonista de la vida para poder vivir sin ningún código moral y hacer cualquier cosa que les de placer porque creen que no hay juicio de la inmortalidad.

Ya sea que los inconversos sostengan una perspectiva sombría del futuro o una esperanza optimista del mañana y la eternidad, la verdad es que ellos: "En aquel tiempo estabais sin Cristo, alejados de la ciudadanía de Israel y ajenos a los pactos de la promesa, sin esperanza y sin Dios en el mundo" (Ef. 2:12). Cualquier persona sin Dios y sin Cristo no tiene esperanza para el futuro. Sin esperanza, la muerte adquiere proporciones terroríficas. Todo lo que queda es el infierno eterno, sufrimiento eterno y castigo eterno. Es por eso que Job 27:8 dice: "Porque ¿cuál es la esperanza del malvado, por mucho que haya robado, cuando Dios le quite la vida? Proverbios 10:28 añade: "La esperanza de los justos es alegría, mas la esperanza de los malvados perecerá".

Solo hay dos posibles destinos en la eternidad, el cielo o el infierno, y Dios creó esos dos destinos. Los que van camino al cielo por la fe en Jesucristo tienen esperanza. El resto no tiene esperanza y experimentará la desesperación eterna del infierno de que el dolor nunca cesará. Ese es el vivo ejemplo de la desesperación.

UNA DEFINICIÓN DE LA ESPERANZA

Considero que es algo espantoso contemplar la vida sin esperanza. Afortunadamente, quienes hemos puesto nuestra confianza en Jesucristo tenemos razón para confiar, y esa no es la manera como el mundo define la esperanza. La mayoría de las personas usan el vocablo esperanza como un sinónimo de "deseo" o "ganas". Esperan que alguien que anhelan ver los visite, esperan conseguir el empleo que buscaban, esperan conseguir las calificaciones que han procurado, esperan que sus sueños se hagan realidad.

Pero en la Biblia la esperanza no es un deseo, sino una realidad, un hecho que aún no se ha realizado. La esperanza bíblica es una realidad que Dios ha prometido y que ha de cumplir. Como tal, representa la última columna del carácter cristiano. La esperanza es la actitud espiritual que nos hace mirar al futuro confiadamente y nos motiva a ir en pos de la semejanza de Cristo con un esfuerzo máximo. Para ver cómo la esperanza es central para la vida de fe del creyente, demos atención a varios pasajes de las Escrituras.

La esperanza es segura

El autor de Hebreos dice de la esperanza: "La cual tenemos como segura y firme ancla del alma, y que penetra hasta dentro del velo, donde Jesús entró por nosotros como precursor, hecho sumo sacerdote para siempre según el orden de Melquisedec" (He. 6:19-20). Nuestra esperanza es un ancla, lo cual significa que es inamovible e inquebrantable. Nuestra esperanza está encarnada en Cristo mismo, quien ha entrado en la presencia de Dios en el santuario celestial por nosotros. Allí sirve como nuestro gran Sumo Sacerdote, intercediendo siempre delante de Dios por nosotros.

En su primera epístola, el apóstol Pedro presenta pruebas adicionales de la seguridad de nuestra esperanza:

> *"Bendito el Dios y Padre de nuestro Señor Jesucristo, que según su gran misericordia nos hizo renacer para una esperanza viva, por la resurrección de Jesucristo de los muertos, para una herencia incorruptible, incontaminada e inmarchitable, reservada en los cielos para vosotros, que sois guardados por el poder de Dios, mediante la fe, para alcanzar la salvación que está preparada para ser manifestada en el tiempo final. Por lo cual vosotros os alegráis, aunque ahora por un poco de tiempo, si es necesario, tengáis que ser afligidos en diversas pruebas".*
>
> *(1 P. 1:3-6)*

La esperanza es una parte esencial del evangelio

"Siempre que oramos por vosotros, damos gracias a Dios, Padre de nuestro Señor Jesucristo, pues hemos oído de vuestra fe en Cristo Jesús y del amor que tenéis a todos los santos, a causa de la esperanza que os está guardada en los cielos. De esta esperanza ya habéis oído por la palabra verdadera del evangelio" (Col. 1:3-5). El evangelio incluye nuestra esperanza eterna. El gozo de nuestra salvación es que un día entraremos en la vida eterna en el cielo. Esa es una promesa real.

Los tres aspectos de nuestra salvación, pasado, presente y futuro, están fuertemente atados en el evangelio. En Tito 1:1-2 Pablo escribe: "Pablo, siervo de Dios y apóstol de Jesucristo, conforme a la fe de los escogidos de Dios y el conocimiento de la verdad que es según la piedad, en la esperanza de la vida eterna. Dios, que no miente, prometió esta vida desde antes del principio de los siglos". Pablo predicó el evangelio para que los elegidos ("aquellos elegidos de Dios") podamos creer y ser salvos. Ese es el aspecto pasado, nuestra justificación. Aquellos escogidos de Dios oímos el evangelio, creemos y, por lo tanto, somos justificados por Él. El aspecto presente del evangelio es "el conocimiento de la verdad que es según piedad". Eso es nuestra santificación. El aspecto futuro es "la esperanza de la vida eterna", lo cual es nuestra glorificación.

En el pasado fuimos salvos de la penalidad del pecado, no seremos condenados. No llevaremos las consecuencias por nuestros pecados porque Dios atribuyó a nosotros la justicia de Cristo en el momento en que creímos. Cristo llevó toda nuestra iniquidad en su propio cuerpo en la cruz. En el presente estamos siendo salvos del poder del pecado porque el Espíritu Santo y la verdad de las Escrituras nos dan la victoria sobre el pecado. Y seremos salvos de la presencia del pecado cuando estemos en el cielo en el futuro. Sin la promesa de una gloria futura el evangelio sería una promesa vacía en vez de ser un hecho certísimo.

La esperanza nos hace perseverar

Romanos 8 es un gran capítulo de su promesa para el creyente. En él, Pablo declara que Dios cumplirá la esperanza del creyente y lo llevará a la gloria:

> *"Y no solo ella, sino que también nosotros mismos, que tenemos las primicias del Espíritu, nosotros también gemimos dentro de nosotros mismos, esperando la adopción, la redención de nuestro cuerpo, porque en esperanza fuimos salvos; pero la esperanza que se ve, no es esperanza; ya que lo que alguno ve, ¿para qué esperarlo? Pero si esperamos lo que no vemos, con paciencia lo aguardamos... Sabemos, además, que a los que aman a Dios, todas las cosas los ayudan a bien, esto es, a los que conforme a su propósito son llamados. A los que antes conoció, también los predestinó para que fueran hechos conformes a la imagen de su Hijo, para que él sea el primogénito entre muchos hermanos. Y a los que predestinó, a estos también llamó; y a los que llamó, a estos también justificó; y a los que justificó, a estos también glorificó".*
>
> *(Ro. 8:23-25, 28-30)*

Nuestra esperanza es la gloria. Queremos experimentar la redención de nuestro cuerpo y ser finalmente liberados de la batalla pecaminosa en nuestra carne. Ese es uno de los elementos de nuestra salvación que está por realizarse. Aunque es futuro, está prometido, depositado y garantizado. De modo que para nosotros la gloria es una realidad. Por eso es que perseveramos mientras esperamos con ansiedad nuestra glorificación. No importa a qué luchas y pruebas nos enfrentemos mientras esperamos podemos estar seguros de que Dios cumplirá su llamado de nosotros y nos conducirá a la gloria. Puesto que Dios hizo el esfuerzo para justificarnos, podemos estar seguros de que también nos glorificará porque ese es su plan.

LAS CARACTERÍSTICAS DE LA ESPERANZA

La Biblia desclosa el concepto de nuestra esperanza en varios componentes. A continuación se enumeran diez características de nuestra esperanza que debieran producir gozo en nuestro corazón.

Nuestra esperanza procede de Dios

Es esencial saber que nuestra esperanza es objetiva, no subjetiva. No es un castillo en el aire secular que nos dice que podemos ser cualquier cosa que deseemos ser. ***No*** podemos crear ni controlar el futuro. No tenemos ni el poder ni la sabiduría para hacerlo. No tenemos que elaborar ningún proyecto para el futuro. Dios ya nos ha dado uno. El salmo 43:5 dice: "¿Por qué te abates, alma mía, y por qué te turbas dentro de mí? Espera en Dios, porque aún he de alabarlo, ¡salvación mía y Dios mío!" El salmista simplemente nos recuerda que no debemos desesperamos porque Dios es la fuente de nuestra esperanza.

Nuestra esperanza es un don de la gracia

Segunda Tesalonicenses 2:16-17 dice: "Y el mismo Jesucristo Señor nuestro, y Dios nuestro Padre, el cual nos amó y nos dio consolación eterna y buena esperanza por gracia, conforte vuestros corazones y os confirme en toda buena palabra y obra". La consolación eterna y la buena esperanza que Dios nos dio no es algo que merecemos. Dios la da a quien Él quiere, según su propio deseo soberano.

Nuestra esperanza es definida por las Escrituras

Romanos 15:4 dice: "Las cosas que se escribieron antes, para nuestra enseñanza se escribieron, a fin de que, por la paciencia y la consolación de las Escrituras, tengamos esperanza". Cuando necesitemos consolación y estímulo, miremos a la Palabra de Dios porque esta nos dará esperanza en medio de todas las luchas de la vida.

Nuestra esperanza es razonable

Nuestra esperanza no es irracional. No está basada en como están alineadas las estrellas, ni en el consejo de la red de los clarividentes. Nuestra esperanza está definida en las Escrituras, y eso la hace razonable. El apóstol Pedro dijo: "santificad a Dios el Señor en vuestros corazones y estad siempre preparados para presentar defensa con mansedumbre y reverencia ante todo el que os demande razón de la esperanza que hay en vosotros" (1 P. 3:15). Si alguien le pregunta qué cree que va a ocurrir en el mundo, puede llevarlo a la Biblia y explicarle el plan de Dios para el futuro.

Nuestra esperanza está asegurada por la resurrección de Cristo

Pedro lo expresa claramente diciendo: "Bendito el Dios y Padre de nuestro Señor Jesucristo, que según su gran misericordia nos hizo renacer para una esperanza viva, por la resurrección de Jesucristo de los muertos" (1 P. 1:3). Jesucristo resucitó de los muertos. Más de quinientas personas lo vieron en una ocasión (1 Co. 15:6). Sus discípulos tuvieron comunión con Él después de su resurrección (Lc. 24:36-49; Jn. 20:19; 21:23). Comieron con Él y lo tocaron. Vieron las marcas en sus manos como resultado de su crucifixión. Antes de su crucifixión Jesús dijo: "Todavía un poco, y el mundo no me verá más, pero vosotros me veréis; porque yo vivo, vosotros también viviréis" (Jn. 14:19). Esa es nuestra esperanza, Él pasó por la muerte, pero surgió de ella vivo, preparando el camino para nosotros.

Nuestra esperanza es confirmada por el Espíritu Santo

Romanos 15:13 dice: "Y el Dios de la esperanza os llene de todo gozo y paz en la fe, para que abundéis en esperanza por el poder del Espíritu Santo". La Biblia explica nuestra esperanza, y cuando pasamos por alguna crisis, el Espíritu Santo nos llena de poder para soportarla. El conocimiento de las Escrituras trabaja en combinación con el poder dinámico del Espíritu para sostenernos en las horas más negras, capacitándonos para aferrarnos a su esperanza.

Nuestra esperanza es una defensa contra los ataques de Satanás.

Satanás quiere que dudemos y cuestionemos a Dios. Él ataca nuestra mente con dudas con respecto a la realidad de nuestra salvación. Pero nosotros estamos vestidos con la coraza de fe y amor, y con la esperanza de salvación como yelmo (1 Ts. 5:8). De modo que podemos permanecer seguros en el conocimiento de la Palabra de Dios y sus muchas promesas de nuestra eterna salvación (Jn. 6:37-39; 10:28-29; Ro. 5:10; 8:31-39; Fil. 1:6; 1 P. 1:3-5). El Espíritu Santo nos da el fundamento sobre el cual edificar nuestra esperanza.

Nuestra esperanza es fortalecida a través de las pruebas

Mientras más pruebas experimentamos, más oportunidades tenemos de ejercitar nuestra esperanza. Y mientras más la ejercitamos, más fuerte llegamos a ser, capacitándonos para soportar sufrimientos aún mayores. Es así como obra la gracia de Dios. Debemos anticipar las pruebas porque ellas perfeccionan muchas áreas de nuestra vida, incluyendo nuestra esperanza (Stg. 1:4, 12).

En la medida en que experimentamos más y más pruebas, más anhelaremos el cielo. Todo lo que deseamos está en el cielo. Al hacernos mayores, muchos de nuestros seres queridos se habrán ido al cielo. De modo que ese llega a se el lugar más precioso. Cuando usted experimenta suficientes pruebas, dirá con el apóstol Pablo: "Porque para mí el vivir es Cristo, y el morir es ganancia...Porque de ambas cosas estoy puesto en estrecho, teniendo deseo de partir y estar con Cristo, lo cual es muchísimo mejor" (Fil.1:21,23).

Nuestra esperanza produce gozo

Aún en medio de la tristeza, nuestra esperanza produce gozo. El Salmo 146:5 une la esperanza con el gozo: "Bienaventurado aquel cuyo ayudador es el Dios de Jacob, cuya esperanza está en Jehová su Dios". Cuando tenemos esperanza en Dios, tenemos gozo.

Nuestra esperanza se cumplirá en el regreso de Cristo

Podríamos pensar que la esperanza se cumple justo después de morir. Pero la muerte simplemente lleva el espíritu de cada uno de nosotros al cielo, nuestro cuerpo aún tiene que ser levantado. Espera el día del rapto de la iglesia: "y que procuréis tener tranquilidad, y ocuparos en vuestros negocios, y trabajar con vuestras manos de la manera que os hemos mandado, a fin de que os conduzcáis honradamente para con los de afuera, y no tengáis necesidad de nada. Tampoco queremos, hermanos, que ignoréis acerca de los que duermen, para que no os entristezcáis como los otros que no tienen esperanza. Porque si creemos que Jesús murió y resucitó, así también traerá Dios con Jesús a los que durmieron en él. Por lo cual os decimos esto en palabra del

Señor: que nosotros que vivimos, que habremos quedado hasta la venida del Señor, no precederemos a los que durmieron. Porque el Señor mismo con voz de mando, con voz de arcángel, y con trompeta de Dios, descenderá del cielo; y los muertos en Cristo resucitarán primero. Luego nosotros los que vivimos, los que hayamos quedado, seremos arrebatados juntamente con ellos en las nubes para recibir al Señor en el aire, y así estaremos siempre con el Señor. Por tanto, alentaos los unos a los otros con estas palabras" (1 Ts. 4:11-17). Los que han muerto en Cristo, cuyo espíritu ya está con el Señor, serán unidos con su cuerpo glorificado. Es entonces, cuando nuestra esperanza se convertirá en realidad.

LA PRÁCTICA DE LA ESPERANZA

Aún queda una pregunta: ¿Cómo afecta nuestra esperanza a nuestra vida presente? Necesitamos considerar 1 Juan 2:28-3:3 para ver como el apóstol Juan trata el tema de la esperanza y su aplicación diaria a los creyentes.

Como observamos en la sección anterior, el espíritu de los creyentes que mueren va directamente a la presencia del Señor y viven en gozo y justicia perfecta. Pero los creyentes todavía no están completos porque no han experimentado la plena consumación de su esperanza en la resurrección del cuerpo glorificado. Juan explica nuestra situación presente cuando dice: "Amados, ahora somos hijos de Dios, y aún no se ha manifestado lo que hemos de ser; pero sabemos que cuando él se manifieste, seremos semejantes a él, porque le veremos tal como él es" (3:2). Todavía no hemos sido glorificados, como lo seremos cuando Cristo regrese. En ese momento esos creyentes que han muerto y los que estén vivos serán hechos perfectos tanto en el hombre interior como en el exterior. Nuestra esperanza será finalmente realizada en plenitud.

Para enseñarnos como debemos prepararnos para ese día, Juan nos da cinco características de la esperanza del creyente. He aquí como los creyentes viviremos si tenemos esperanza.

La esperanza es garantizada mediante la permanencia

Juan escribe: "Y ahora, hijitos, permaneced en él, para que cuando se manifieste, tengamos confianza, para que en su venida no nos alejemos de él avergonzados" (1 Jn. 2:28). Cuando el Señor regrese, habrá dos reacciones: Los santos le darán la bienvenida, pero los inicuos se avergonzarán. Apocalipsis 6:15-16 expresa así la reacción de los inicuos: "Y los reyes de la tierra, y los grandes, los ricos, los capitanes, los poderosos, y todo siervo y todo libre, se escondieron en las cuevas y entre las peñas de los montes; y decían a los montes y a las peñas: Caed sobre nosotros, y escondednos del rostro de aquel que está sentado sobre el trono, y de la ira del Cordero". Como creyentes no necesitamos escondernos cuando Él venga. Podemos tener confianza porque hemos permanecido en Él. La idea de permanecer es definida mejor por el cuadro que Jesús presenta cuando se asemejó a sí mismo con la vid y a los creyentes con los pámpanos: "Permaneced en mí, y yo en vosotros. Como el pámpano no puede llevar fruto por sí mismo, si no permanece en la vid, así tampoco vosotros, si no permanecéis en mí" (Jn. 15:4).

El vocablo "permaneced" básicamente significa "hacer morada". Proporciona evidencia de salvación genuina. Juan alude a eso cuando se refiere a supuestos creyentes que "Salieron de nosotros, pero no eran de nosotros; porque si hubiesen sido de nosotros, habrían permanecido con nosotros; pero salieron para que se manifestase que no todos son de nosotros" (1 Jn. 2:19). Las personas con fe genuina permanecerán en la comunión de los creyentes. No cambiarán de bando. No negarán a Cristo ni abandonarán su verdad. Jesús reiteró la importancia de permanecer cuando dijo a los judíos que habían creído en Él: "Dijo entonces Jesús a los judíos que habían creído en él: Si vosotros permaneciereis en mi palabra, seréis verdaderamente mis discípulos" (Jn. 8:31).

Cuando el apóstol Juan llama a los creyentes a permanecer en Cristo, eso es en esencia un llamado a la perseverancia de los Santos. Nos exhorta a ser leales al evangelio, a vivir en constante dependencia de Jesucristo, y a otorgarle una obediencia continua y afectuosa a su Palabra.

Eso de ningún modo cancela la parte de Dios en asegurar nuestra salvación. El Señor promete que nunca perderá a ninguno de los suyos y que nos llevará a la gloria. Pero esos sublimes privilegios no cancelan nuestras obligaciones de ser hijos obedientes. Ellos aumentan nuestra responsabilidad. Mientras mayores son los privilegios de la gracia, mayor también es nuestra responsabilidad de ser obediente. Pablo dice: "Porque la gracia de Dios se ha manifestado para salvación a todos los hombres, enseñándonos que, renunciando a la impiedad y a los deseos mundanos, vivamos en este siglo sobria, justa y piadosamente" (Tit. 2:11-12).

Cuando permanecemos fieles a residir en Cristo al mantener nuestra obediencia, eso garantiza nuestra esperanza. Tenemos una responsabilidad delante de Dios de perseverar en fe y fidelidad, a expresar diariamente nuestra obediencia amorosa a la Palabra de Dios y a los propósitos de Dios mientras se manifiestan en nuestra vida. Pablo vivió con esa actitud y pudo decir al final de su vida: "He peleado la buena batalla, he acabado la carrera, he guardado la fe. Por lo demás, me está guardada la corona de justicia, la cual me dará el Señor, juez justo, en aquel día; y no sólo a mí, sino también a todos los que aman su venida" (2 Ti. 4:7-8). Pablo no titubeó ante la sana doctrina ni de su confianza en Dios. Como resultado, tenía confianza con respecto a su encuentro con el Señor. Usted y yo estamos obligados a permanecer fieles al Señor, tal como lo hizo Pablo.

La esperanza se realiza en justicia

Garantizamos nuestra esperanza futura mediante la permanencia, y la permanencia es otra manera de describir el vivir en justicia. Juan dice: "Si sabéis que él es justo, sabed también que todo el que hace justicia es nacido de él" (1 Jn.2:29). Nuestra esperanza tiene que ser el resultado de un comportamiento justo. Los que esperan ser justos cuando el Señor venga tienen que manifestar justicia ahora.

Un cristiano revela su verdadero carácter mediante sus frutos. Una persona puede afirmar cualquier clase de lealtad a la fe cristiana que le parezca, pero ¿cuál es el modelo de su vida? Tal como un hijo natural será como su padre, así los hijos de Dios serán hijos de Dios serán como su Padre celestial. Puesto que Dios es justo, sus hijos manifestaremos su naturaleza justa. Jesús dijo: "Sed, pues, vosotros perfectos, como vuestro Padre que está en los cielos es perfecto" (Mt. 5:48). Esa es la meta que perseguimos.

El verbo "hace justicia" en 1 Juan 2:29 está en el presente de indicativo, que significa una acción continua. De modo que un verdadero creyente que tiene una esperanza genuina y permanece en Cristo practicará la justicia en su vida y "se ha vestido del nuevo hombre, creado según Dios en la justicia y santidad de la verdad" (Ef. 4:24). Es importante que examinemos nuestras obras. Para afirmar nuestra esperanza, debemos preguntarnos: ¿Qué es lo que creo? ¿A qué es semejante mi vida? Si no tenemos una pasión y un deseo de justicia, entonces es de dudarse que seamos verdaderos cristianos.

La esperanza está establecida sobre el amor

Juan escribió: "Mirad cuál amor nos ha dado el Padre, para que seamos llamados hijos de Dios" (1 Jn. 3:1). Compartimos el asombro de Juan al contemplar el maravilloso amor de Dios, que otorga tan increíble honor a nosotros los pecadores y nos hace hijos en su familia. Juan 1:12 dice: "Mas a todos los que le recibieron, a los que creen en su nombre, les dio potestad de ser hechos hijos de Dios". Ser hijos de Dios es una expresión desbordante de su gran amor.

La frase "cual amor" en 1 Juan 3:1 se refiere a algo foráneo. El amor que Dios nos ha mostrado es algo extraño a cualquier cosa que podamos concebir, extraño a cualquier cosa que podamos imaginar y extraño a cualquier cosa conocida por la raza humana. Más tarde en la epístola de Juan dice: "En esto se mostró el amor de Dios para con nosotros, en que Dios envió a su Hijo unigénito al mundo, para que vivamos por él" (4:9). Ese amor tan trascendental que motivó al perfecto Hijo de Dios a sacrificarse a sí mismo para redimirnos, es la base de nuestra esperanza. Y es "por esto que el mundo no nos conoce, porque no le conoció a él" (3:1). El mundo no puede comprender el amor de Dios porque no puede comprender el evangelio.

La esperanza se cumple en la semejanza a Cristo

Juan continúa diciendo: "Amados, ahora somos hijos de Dios, y aún no se ha manifestado lo que hemos de ser; pero sabemos que cuando él se manifieste, seremos semejantes a él, porque le veremos tal como él es" (v.2). Nuestra esperanza aún no está plenamente realizada. Tito 2:13 dice que estamos "aguardando la esperanza bienaventurada y la manifestación gloriosa de nuestro gran Dios y Salvador Jesucristo". Cuando Cristo regrese, nuestra esperanza se cumplirá.

Recuerde las palabras de Pablo: "Porque a los que antes conoció, también los predestinó para que fuesen hechos conformes a la imagen de su Hijo, para que él sea el primogénito entre muchos hermanos" (Ro. 8:29). El plan de Dios es redimir a sus elegidos y hacerlos semejantes a Cristo. Cuando Jesús regrese para arrebatar a la iglesia, veremos el cumplimiento de ese diseño y seremos hechos en la semejanza de Jesucristo.

Pablo nos recuerda cuál es nuestra meta en esta vida: "prosigo a la meta, al premio del supremo llamamiento de Dios en Cristo Jesús" (Fil. 3:14). Tanto la meta como el premio es la semejanza a Cristo. La meta de nuestra salvación es la semejanza a Cristo, el cumplimiento de nuestra esperanza es la semejanza a Cristo, y la búsqueda de nuestra vida es ser más y más como Cristo.

La esperanza es garantizada por la pureza

Juan concluye esta sección diciendo: "Y todo aquel que tiene esta esperanza en él, se purifica a sí mismo, así como él es puro" (1 Jn. 3:3). Cuando vivimos con la meta de ver a Jesucristo cara a cara, eso tendrá un efecto purificador en nuestra vida. Cuando nos encontremos con Él, Él examinará nuestra obra y nos recompensará (1 Co. 3:10-15). Pero es posible que perdamos nuestro galardón, de modo que: "Mirad por vosotros mismos, para que no perdáis el fruto de vuestro trabajo, sino que recibáis galardón completo" (2 Jn. 8).

Sé que el Señor puede volver en cualquier momento, así que mi meta ha sido vivir de tal manera que cuando me enfrente a Él pueda ofrecerle mi vida pura. Esa meta tuvo su origen cuando era un niño y leí el siguiente poema que mi abuelo guardaba en su Biblia.

Cuando esté de pie ante el Tribunal de Cristo
Y Él me muestre su plan para mí,
El plan de mi vida como debió haber sido,
y vea cómo lo obstaculicé aquí y cómo lo detuve allá
y no me sometía a su voluntad.
¿Habrá tristeza en los ojos de mi Salvador,
Tristeza a pesar de su gran amor?
Él quería que fuese rico pero estaré allí pobre
Desprovisto de todo excepto de su gracia,
Mientras la memoria corre como cosa atormentada
Cuesta abajo por un camino por el que no he de volver.
Entonces mi desolado corazón estará a punto de quebrantarse;
Con lágrimas que no puedo derramar,
Cubriré mi rostro con las manos vacías
Inclinaré mi cabeza sin la corona
Oh Señor, de los años que aún me quedan
Los entrego en tus manos.
Tómame, quebrántame, moldéame
Conforme al patrón que has diseñado.

Las emociones que siento ahora son semejantes a las que el poeta debió sentir cuando escribió esas palabras. No quiero tener ninguna razón para sentir vergüenza en la venida de Cristo. Quiero estar haciendo lo que honra y agrada a Él. Quiero estar viviendo una vida pura. Si nuestro centro de atención está en Jesucristo, viviremos una vida pura y podremos decir con el apóstol Juan: "Si, ven, Señor Jesús" (Ap. 22:20).

La iglesia en Tesalónica era una gran iglesia. Cuando Pablo escribió a sus miembros, nunca los reprendió. Solo los instruyó y los alabó. Una de sus alabanzas fue esta: "Damos siempre gracias a Dios por todos vosotros, haciendo memoria de vosotros en nuestras oraciones, acordándonos sin cesar delante del Dios y Padre nuestro de la obra de vuestra fe, del trabajo de vuestro amor y de vuestra constancia en la esperanza en nuestro Señor Jesucristo… y esperar de los cielos a su Hijo, al cual resucitó de los muertos, a Jesús, quien nos libra de la ira venidera" (1 Ts. 1:2-3,10). ¿Estamos en ese compás de espera? ¿Estamos viviendo como si Jesús fuera a venir en el próximo momento? ¿Estamos viviendo de tal manera que sí Él viniera estaríamos satisfechos de que examinara nuestra vida? ***Necesitamos*** vivir cada momento como si Él fuera a venir en un instante, porque Él podría venir en cualquier momento.

Esa es, pues, nuestra esperanza. No debería asustarnos. En cambio, debería llenar nuestro corazón de gozo.

Si estamos edificando nuestra vida sobre los pilares del carácter cristiano que hemos estudiado a través de este libro, no seremos avergonzados cuando Cristo venga, sino que estaremos confiados.

GUÍA DE ESTUDIO

CAPÍTULO 1:
EL PUNTO DE PARTIDA: UNA FE GENUINA

Resumen del capítulo

Para el creyente, la fe comienza con la salvación le da forma a todo lo demás en su vida de ahí en adelante.

Para comenzar (Escoja una)

1. Recuerde un tiempo cuando su fe en una persona o en un producto fue verdaderamente probada. ¿Qué fue lo que más desafió su confianza básica durante esa situación? ¿Necesitó su confianza ser restaurada? Si fue así: ¿Cómo ocurrió?
2. ¿Cree que la mayoría de los que profesan ser cristianos hoy día verdaderamente entienden la definición bíblica de la fe? ¿Por qué o por qué no?

Conteste estas preguntas

1. Según *La confesión de fe bautista*: ¿Cuáles son los elementos principales que constituyen la fe bíblica?
2. ¿Cuándo ministró Habacuc a Judá? ¿Cuál fue la situación básica que confrontó?
3. ¿Qué fue lo que probablemente pidió Habacuc que Dios hiciera?
4. ¿Quiénes eran los caldeos? ¿Por qué estaba Habacuc tan molesto de que Dios los usara para castigar a Judá?
5. ¿Qué gran verdad con respecto a Dios fue llevada a la atención

de Habacuc? ¿Cómo lo ayudó eso a resolver su dilema teológico?
6. ¿Qué resultado tuvo el descubrimiento de Martín Lutero de Habacuc 2:4?
7. ¿Qué versículos del Nuevo Testamento reiteran la verdad clave de Habacuc 2:4?
8. ¿Cómo el uso de Habacuc de la terminología agrícola aclara su punto con respecto a la persona y el plan de Dios?
9. ¿Quién finalmente suple los medios para nuestra vida de fe? Aporte por lo menos dos versículos para apoyar tu respuesta.

Céntrese en la oración

- Ore para que Dios mejore su confianza y su entendimiento de quién Él es y qué quiere que usted haga cuando se enfrente a las situaciones desconcertantes de la vida.
- Dé gracias a Dios por los medios que ha provisto, principalmente mediante su Palabra, para que usted ejercite una fe genuina.

Aplicación de la verdad

Lea cuidadosamente Romanos 5:1-10 cada día durante las próximas semanas. Medite en un versículo diferente cada día, y escriba cómo las palabras importantes y los principios clave se relacionan con el vivir por la fe cada día.

CAPÍTULO 2
LA OBEDIENCIA: EL COMPROMISO DEL CREYENTE

Resumen del capítulo

Para los cristianos, la fe y la obediencia están inseparablemente unidas en la relación de nuestro pacto con Dios el Padre, hecha posible por la sangre derramada por Cristo, el Hijo.

Para comenzar (Escoja una)

1. ¿Qué historias básicas e imágenes vienen a su mente cuando piensa en el Antiguo Testamento? Excluyendo los Salmos y Proverbios, ¿cuán relevante ha sido a su vida cristiana? ¿Con cuánta frecuencia lee y estudia el Antiguo Testamento?

2. ¿Alguna vez ha tenido una disputa por un contrato hecho con alguien? De ser así, ¿cuán importante para usted ha sido el apego de la otra persona a los términos del contrato? ¿Cree que la mayoría de las personas hoy día todavía toman con seriedad las condiciones de un negocio y los acuerdos legales como se hacía en generaciones previas? Explíquelo.

Conteste estas preguntas

1. ¿Qué tiene de básico la Gran Comisión (Mt. 28:19-20)?
2. ¿Qué verdad expresa el apóstol Juan por lo menos tres veces? Cite una de las referencias.
3. ¿Cómo fue el mensaje del evangelio siempre predicado en el Nuevo Testamento? Mencione tres ejemplos.
4. ¿Cuál es el significado bíblico correcto del vocablo presciencia? ¿Qué significado incorrecto con frecuencia recibe?
5. ¿Cuándo comienza nuestra santificación y qué incluye (vea Jn. 3:5; 1 P. 1:2)?
6. Resuma la fase futura de la salvación como lo expresa Efesios 2:10
7. ¿En qué actividad importante estaba ocupado Moisés justo antes de los sucesos de Éxodo 24:3-8?
8. ¿Qué promesa básica hizo Dios en la ley de Moisés? Como resultado, ¿a qué se comprometió su pueblo?
9. ¿Qué característica física del altar de Moisés representaba la participación del pueblo en el pacto?
10. ¿Cuál era la importancia de los sacrificios de animales y de la sangre de dichos animales?
11. ¿Cómo puede la salvación resumirse como un pacto de obediencia? (vea Jer. 31:33; Ez. 36:26-27).
12. ¿Qué ilustración proporciona Romanos 6:16-18 como la actitud predominante y el deseo de todo cristiano genuino?
13. ¿Qué le ocurre a cualquiera que no aplica las Escrituras a su vida sistemáticamente (Stg. 1:22-25)?

Céntrese en la oración

- Invierta algún tiempo adicional en oración esta semana dando gracias y alabando a Dios porque en su gracia lo conoció a usted de antemano y lo hizo parte de su familia.

• Ore por alguna área en su vida cristiana en la que necesita mayor obediencia. Pida al Señor que le dé tanta determinación para obedecer como los israelitas tuvieron después de oír a Moisés.

Aplicación de la verdad

Memorice Mateo 28:19-20 o Santiago 1:25. Después de memorizar el pasaje, escriba su propia paráfrasis y compártala con un amigo.

CAPÍTULO 3
BIENAVENTURADOS LOS HUMILDES

Resumen del capítulo

La verdadera humildad, como fue enseñada y ejemplificada por Jesús y por Pablo, resultará en una bendición genuina.

Para comenzar (Escoja una)

1. Los escribas y fariseos de los días de Jesús no se distinguían por su humildad ¿Qué grupo o categoría de personas en la sociedad de hoy más le recuerda de ellos? ¿Por qué?
2. ¿Cuándo es más difícil para usted mostrar humildad? Relate una historia de su propia experiencia para ilustrar su respuesta.

Conteste estas preguntas

1. ¿A qué se refiere el vocablo griego traducido "pobre" en Mateo 5:3?
2. ¿En qué clase de cosas confían las personas para tener entrada en el reino de Dios? Mencione por lo menos cinco.
3. ¿Qué da lugar generalmente a la incorrecta clase de tristeza?
4. ¿Cuántos vocablos griegos diferentes se usan en el Nuevo Testamento para traducir *tristeza*? ¿Qué es diferente en el que se usa en Mateo 5:4?
5. ¿Qué implica hoy día por lo general el vocablo *manso*? ¿De qué manera es esa una mala interpretación de su uso bíblico?
6. ¿Cómo demostró Jesús la verdadera mansedumbre? Dé algunos ejemplos de su ministerio.

7. ¿Cuál es el resultado prometido de la mansedumbre? ¿Cuáles son las ramificaciones de ese resultado?
8. ¿Cuánta importancia le concede el comentarista Martín Lloyd-Jones a Mateo 5:6 (vea la cita de su libro)?
9. ¿Cuál debe ser la naturaleza del hombre y la sed de justicia del creyente? ¿Por qué (vea Fil. 1:9-10)?
10. Según Mateo 5:6, ¿cuán amplio debe ser nuestro deseo de la justicia? ¿Qué hace especial en el griego esa justicia?
11. ¿Cuál era la cuestión concreta cuando Pablo comparte su experiencia con respecto a ser transportado al cielo (2 Co. 12:1-4)?
12. ¿Qué era el aguijón en la carne de Pablo?
13. ¿Cuáles son dos características básicas de una persona mansa (vea Fil.2:3-4)?

Céntrese en la oración

- Pida la ayuda del Señor mientras trabaja en un área de su vida en la que necesita mostrar más mansedumbre.
- Ore para que hoy Dios le dé una mayor hambre y sed por su Palabra y por la justicia.

Aplicación de la verdad

Lea los capítulos 4 al 7 u 8 en el primer tomo de *Estudios en el Sermón del Monte,* por Martín Lloyd-Jones (Grand Rapids, Mich.; Eerdmans, 1971). Tome notas del capítulo que ha leído, y busque todas las referencias bíblicas. Escoja una o dos nuevas verdades para meditarlas y aplicarlas. (Cada capítulo consta de unas diez páginas.)

CAPÍTULO 4
LA NATURALEZA DESINTERESADA DEL AMOR

Resumen del capítulo

La única manera en que una cultura egoísta y orientada al sexo verá un amor bíblico genuino es si los creyentes obedecemos la enseñanza de Cristo y emulamos su ejemplo de amor demostrado mediante su sacrificio tal como aparece en Juan 13.

Para comenzar (Escoja una)

1. ¿Puede pensar en la primera vez que usted se "enamoró"? ¿Estaba verdaderamente enamorado o era un capricho? ¿Cómo se diferencia un capricho del amor verdadero?
2. ¿Dónde es que la guerra cultural lo desafía más directamente? ¿Qué medios prácticos ha encontrado para combatir las influencias de la cultura mundana? Trate uno de ellos con su grupo.

Conteste estas preguntas

1. ¿Qué palabra castellana viene del vocablo griego traducido "imitadores" (Ef. 5:1)?
2. ¿Cuál debía ser una inclinación instintiva si somos verdaderos hijos de Dios?
3. Dé una breve definición del amor *ágape*.
4. ¿Qué caracteriza el amor humano condicional? ¿Cómo se diferencia del amor de Dios?
5. ¿Cómo es que Satanás falsifica el amor bíblico?
6. ¿De qué rasgo pecaminoso son expresiones la inmoralidad y la impureza? ¿Cuáles son características adicionales de este?
7. ¿Cuál es la verdadera razón de que las personas quieran tener la disponibilidad del aborto?
8. ¿Cuáles son los seis puntos del bosquejo de Satanás para librar una guerra cultural contra el reino de Dios?
9. ¿Cuál es la principal herramienta del Satanás para facilitar que las personas en la sociedad sean malas?
10. ¿Cuál es una de las principales distracciones que ha desviado la atención de la sociedad occidental de los efectos pecaminosos de la revolución sexual?
11. ¿Qué factores negativos hicieron que los discípulos fueran poco amables según los criterios humanos en el comienzo de los acontecimientos de Juan 13?
12. ¿Por qué era el lavamiento de los pies una necesidad en el Antiguo Medio Oriente, y quién realizaba esa tarea generalmente?
13. ¿Qué significa la declaración de Jesús en Juan13:8?
14. ¿De qué manera Juan 13:10 arroja más luz sobre la importancia

del acto de Jesús de lavar los pies de los discípulos? ¿Cómo se aplica ese versículo a nosotros?

15. En una oración gramatical: ¿Cómo podemos aplicar la enseñanza de Jesús en Juan 13:34-35?

Céntrese en la oración

- Dé gracias a Dios esta semana por su acto supremo de amor abnegado al mandar a Cristo a morir por usted.
- Ore para que las personas sean salvas de nuestra cultura pecaminosa a causa de la amante influencia de los creyentes.

Aplicación de la verdad

Ore por la salvación de un amigo inconverso, un vecino, un compañero de trabajo o un familiar. Si no tiene una relación estrecha con un inconverso, busque una manera de ayudar a otro cristiano que podría necesitar ánimo ahora mismo.

CAPÍTULO 5
LA UNIDAD: PERSEVERANCIA EN LA VERDAD

Resumen del capítulo

Porque siempre ha sido la voluntad de Dios que el Cuerpo de Cristo esté unido por la cohabitación del Espíritu, basado en las doctrinas esenciales de las Escrituras, es imperativo que los cristianos mantengamos la unidad frente al mundo inconverso.

Para comenzar (Escoja una)

1. ¿Cómo la falta de unidad afecta la moral en el lugar de trabajo de un equipo de deporte? ¿Alguna vez ha presenciado tal efecto negativo de primera mano? De ser así, ¿qué aprendió usted de esa experiencia?
2. ¿Qué doctrinas básicas debemos los cristianos aceptar como esenciales? ¿Qué punto de vista o prácticas permiten diferencias o preferencias personales? Apoye sus respuestas.

Conteste estas preguntas

1. ¿Qué tan seriamente debemos los creyentes tratar el tema de la

unidad (Ef. 4:3)? ¿Qué indica el vocablo griego en ese pasaje?

2. ¿De qué clase de unidad habla Pablo, y cómo es mantenida (1 Co. 12:13, 20; Col. 3:14)?
3. ¿Quién habita en cada creyente? ¿Qué se garantiza como resultado (Ap. 19:9)?
4. ¿Cuál es "la fe" a la que se refiere Judas 3?
5. ¿Cuál es la manera común en el Nuevo Testamento de confesar públicamente la fe personal en Cristo?
6. ¿Qué enseña Deuteronomio 6:4 con respecto a la naturaleza de Dios? ¿Qué pasaje del Nuevo Testamento apoya esa verdad?
7. ¿Qué dos tendencias generales dentro de la iglesia contemporánea amenazan con socavar la pureza de su unidad?
8. ¿Cuál es el contexto amplio de la declaración de Jesús en Juan 17:21? ¿Cuál era la verdadera proyección de su oración?
9. Si la unidad no es algo que los cristianos necesitamos producir, entonces, ¿cómo debemos comprender nuestra función al respecto? (vea 1 Co. 1:10, 2 P. 1:1).
10. ¿Cómo nos ayuda Mateo 5:48 a entender que la unidad perfecta de la iglesia local es realizable?
11. ¿Cómo la traducción de 1 Corintios 1:10 en la Reina-Valera 1960 nos ayuda a comprender mejor el significado armonía espiritual y unidad doctrinal?
12. Ofrezca varias definiciones, tanto específicas como generales, del vocablo *divisiones* en el Nuevo Testamento (vea Jn. 7:43; 1 Co. 1:10).
13. ¿Cuál es una de las maneras más importantes en que la iglesia local puede prevenir grandes divisiones?
14. ¿Significa la unidad de la iglesia local que tiene que haber unanimidad absolutamente en cada pequeña cuestión? De no ser así, explique su respuesta más ampliamente.
15. ¿Qué dice la frase de Pablo "un mismo sentir" en Romanos 15:5 respecto de la naturaleza de nuestra fe? ¿Qué relación tiene eso con la unidad cristiana?

Céntrese en la oración

- Ore por que los diáconos y los ancianos en su iglesia permanezcan fielmente en la Palabra y tomen sabias decisiones como responsables para fortalecer la unidad de la iglesia.

• Pídale a Dios que le dé la misma preocupación diligente por la unidad que tuvieron Jesús y Pablo. Ore para que en cada situación usted contribuya a la unidad bíblica auténtica entre los creyentes.

Aplicación de la verdad

Lea y estudie el libro de Nehemías durante el próximo mes. Note especialmente las diferentes maneras y ocasiones en que Nehemías promovió la unidad y la solidaridad entre el pueblo. Escriba una lista de ellas, y escoja una sobre la que pueda meditar. Entonces reflexione en su aplicación a su propio ministerio.

CAPÍTULO 6
EL CRECIMIENTO: NO HAY VIDA VERDADERA SIN EL

Resumen del capítulo

Todos los cristianos genuinos creceremos espiritualmente, aunque en diferentes niveles de madurez. Sabremos que la Palabra de Dios es la base del verdadero crecimiento y, por lo tanto, desearemos conocerla más y mejor.

Para comenzar (Escoja una)

1. ¿Cuál es su hobby o pasatiempo favorito? ¿Cuánto tiempo dedica a mejorar su eficacia o destreza en dicha actividad? ¿Es eso apropiado o equilibrado? ¿Por qué o por qué no? ¿Qué piensa su cónyuge? ¿Qué piensan sus amigos?
2. Algunas personas toman medidas extraordinarias para tratar a una mascota enferma o en rejuvenecer una planta o árbol moribundo. ¿Has conocido a alguien así? De ser así, relate brevemente su historia al grupo. ¿Qué es lo máximo que estaría usted dispuesto a hacer y gastar en tal caso?

Conteste estas preguntas:

1. ¿Qué dice la Biblia con respecto a la necesidad de crecimiento espiritual? Cite dos o tres referencias.

2. Verdadero o falso: La Biblia sugiere que no hay término medio tocante al crecimiento espiritual. Está presente o ausente de la vida del creyente.
3. ¿Cuál es el precio que inevitablemente pagamos por el retroceso espiritual?
4. ¿Qué expresión de intimidad en 1 Juan 2 puede aplicarse a todos los verdaderos creyentes?
5. ¿Qué señal de madurez está ausente en todos los niños espirituales? Por lo tanto, ¿a qué son vulnerables?
6. ¿En qué clase de guerra espiritual está Satanás primordialmente implicado (vea 2 Co. 10:3-5)?
7. ¿Qué debe ser cierto en su vida una vez que abraza el nivel de madurez de un joven espiritual?
8. ¿Cuál es la diferencia primordial en madurez entre el joven espiritual y el padre espiritual?
9. En nuestras iglesias de hoy día: ¿Qué actitud está desafiando el entendimiento sensato y correcto de las Escrituras?
10. ¿Cuál es el más breve, pero más completo pasaje respeto de la importancia y del poder espiritual y transformador de las Escrituras?
11. ¿Cómo obran las palabras de las Escrituras para guiar a alguien a la salvación (Jn. 5:24, 39; Ro. 10:17)?
12. Explique con más detalles el significado de la frase "útil para enseñar" (2 Ti. 3:16). ¿Cuáles son sus resultados en la vida del creyente?
13. ¿Qué dos áreas la Biblia confronta mientras redarguye? ¿Por qué es el redargüir tan útil (vea Pr. 6.23)?
14. ¿Cuáles son los resultados prácticos del "instruir en justicia" proporcionado por las Escrituras?
15. ¿Cómo nos ayuda el significado de la expresión griega traducida "desead" (1 P. 2:2) para tener una mejor comprensión de cómo debemos desear la Palabra de Dios?

Céntrese en la oración

- Si sabe de alguien que esté luchando con un aspecto de crecimiento espiritual, ore por esa persona, y pídale al Señor que lo use para ayudar a tu amigo.

- Pídale a Dios que aumente su deseo de conocer su palabra y crecer. Ore por dos o tres áreas específicas en las que necesita mejorar.

Aplicación de la verdad

Una manera de seguir la pista de su crecimiento espiritual personal es mediante un diario espiritual. Si no tiene ese hábito, comience esta semana. Comience registrando ideas de sus momentos devocionales y haciendo una lista de temas de oración y de oraciones contestadas. (Para ayuda adicional en mantener un diario, vea Donald S. Whitney, *Spiritual Disciplines for the Christian Life* [Disciplinas espirituales para la vida cristiana] [Colorado Springs, Col.; NavPress, 1991], 195-211.)

CAPÍTULO 7
PERDONE Y SEA BENDECIDO

Resumen del capítulo

Jamás hemos de manifestar un carácter más piadoso que cuando obedecemos el mandamiento de Dios de perdonar las ofensas de otros creyentes, así como Dios ha perdonado nuestras ofensas contra Él.

Para comenzar (Escoja una)

1. ¿Qué clase de comportamiento común de otras personas le irrita más o le impacienta? ¿Por qué? ¿Cuál es su reacción normal? ¿Cómo debe eso cambiar o mejorar?
2. Aparte de su conversión: ¿Qué momento de su vida recuerda mejor cuando alguien le ofrece perdón, misericordia y gracia? Describa lo que sucede, y por qué seleccionó ese ejemplo.

Conteste estas preguntas

1. ¿Cómo se identifica Pablo a sí mismo en Romanos 7:24 y 1 Timoteo 1:15?
2. ¿Qué dicen los Salmos y los profetas mayores con respecto al perdón de Dios? Cite por lo menos cuatro referencias.
3. ¿De qué manera es el hijo pródigo un ejemplo de muchos jóve-

nes hoy? ¿Qué esperaba él de su padre?

4. ¿De qué manera es el encuentro del padre y el hijo en la parábola del hijo pródigo análogo con el encuentro de Dios con el pecador arrepentido?
5. ¿Qué representa la enorme deuda en Mateo 18:24?
6. ¿De qué manera los inconversos hacen uso indebido y desperdician su mayordomía de la vida?
7. ¿Por qué sí (o por qué no) y cómo deben (o no deben) todos los pecadores responder como lo hizo el primer siervo en Mateo 18:23-25?
8. ¿Cómo podría el Señor disciplinarnos si rehusamos perdonar? ¿Cómo está eso relacionado con la lección de Mateo 18?
9. ¿Qué mezcla de actitudes equilibrada implica el verdadero perdón con respecto a los pecados de otros?
10. ¿Qué clase de bendiciones de Dios pierde un cristiano que rehúsa perdonar?

Céntrese en la oración

• Separe algún tiempo para examinar su corazón y ver si posee la actitud correcta de perdón hacia otros creyentes. Si el Señor revela alguna deficiencia, pídale perdón y ore para que pueda corregirla.

• De gracias a Dios de que su generoso y misericordioso perdón de los pecados de todos los creyentes lo incluye también a usted.

Aplicación de la verdad

Dependiendo de qué es más aplicable y provechoso para su situación presente, memorice los pasajes del Salmo 32:1-2 o Efesios 4:32.

CAPÍTULO 8
RAZÓN SUFICIENTE PARA REGOCIJARSE

Resumen del capítulo

Los creyentes estamos bajo la obligación de tener el verdadero gozo de Dios en todo tiempo y en cada situación.

Para comenzar (Escoja una)

1. Comparta su "alimento de consuelo" favorito ¿Por qué escogió ese? ¿Es ese el que usó cuando celebró un acontecimiento especial?
2. ¿Cuál es la ocasión más feliz que recuerda antes de ser cristiano? ¿Y desde que usted vino al Señor? ¿Cuál es la mayor diferencia en su apreciación de los dos acontecimientos? Explíquelo.

Conteste estas preguntas

1. ¿Qué está implícito en la definición del vocablo *gozo* que aparece en el diccionario?
2. ¿Qué es siempre verdad respecto del gozo según las muchas palabras griegas usadas en el Nuevo Testamento?
3. ¿Qué dice respecto del gozo en Filipenses 4:4 y 1 Tesalonicenses 5:16?
4. A la luz de los diferentes pasajes bíblicos acerca del gozo: ¿Qué debería ser verdad del cristiano respecto de las dificultades de la vida?
5. ¿Por qué los tiempos de prueba deberían hacernos más felices que los tiempos fáciles? Apoye su respuesta con la Biblia.
6. ¿Existe lugar para las emociones externas de dolor y tristeza? ¿Cómo deben relacionarse con el gozo interior?
7. ¿Por qué es el gozo del mundo tan inadecuado (Pr. 14:12-13; Ec. 2:10-11)?
8. ¿Cuál es la única circunstancia en la vida que debe disminuir nuestro verdadero gozo?
9. ¿Cuál característica de Dios nos da razón para el gozo en primer lugar?
10. Mencione dos referencias del Nuevo Testamento que den razones para nuestro regocijo en la obra redentora de Cristo.
11. Exprese tres razones, con apoyo bíblico de ¿por qué podemos tener una confianza gozosa en la obra del Espíritu Santo?
12. ¿Qué clase de cosas demuestran las continuas bendiciones de Dios a los creyentes?
13. Dé una breve definición de la providencia divina.
14. ¿Cuál característica general de la Palabra de Dios debe librarnos

de que jamás abandonemos el gozo que Dios nos da?

15. ¿De qué manera las falsas expectativas y el orgullo nos roban el gozo verdadero?
16. ¿Cuál es la principal razón de que los creyentes no tengamos gozo verdadero?
17. ¿Cuál era la importancia del saludo regular entre los cristianos en la iglesia primitiva? ¿Cómo podría tal saludo servir de ayuda a los cristianos de hoy día?

Céntrese en la oración

- Invierta tiempo adicional en oración esta semana simplemente regocijándose y dando gracias a Dios por todas las verdades tocante al gozo que ha aprendido en este capítulo.
- Repase la lista de razones para la falta de gozo. Escoja una o dos que se aplique a su vida, y pida a Dios que lo ayude a vencer esos pecados.

Aplicación de la verdad

Lea el libro de John MacArthur, *La gloria del cielo* (Grand Rapids, Mich.: Editorial Portavoz, 1997). Al leerlo, subraye los pensamientos clave y anote al margen o tome notas aparte. Busque especialmente ideas respecto de cómo puede transferir su atención de los cuidados temporales de esta vida a la perspectiva de gozo de la eternidad con Dios. Cuando haya acabado de leer, escriba qué fue lo que más lo ayudó y cómo eso cambiará sus actitudes y sus acciones.

CAPÍTULO 9
SIEMPRE HAY LUGAR PARA LA GRATITUD

Resumen del capítulo

Porque la gratitud es un mandamiento y Dios se disgusta cuando está ausente, los cristianos deben obedecer su Palabra y dar gracias por todas las cosas en cualquier circunstancia.

Para comenzar (Escoja una)

1. Mencione algo fácil para usted por lo cual dar gracias (excluyendo

las cosas obvias como la salvación, el cónyuge o los hijos). ¿Por qué escogió esta? En contraste: ¿Qué cosa encuentra difícil por la cual dar gracias? Explíquelo y elabórelo.

2. ¿Cree que es fácil para las personas de hoy estar satisfechas como lo fue hace cuarenta o cincuenta años? ¿Por qué o por qué no? Si piensa que no están tan satisfechas: ¿Qué escucha en su puesto de trabajo o en el mercado como queja frecuente?

Conteste estas preguntas

1. ¿Por qué es tan sorprendente que el único de los leprosos sanados (Lc. 17:11-19) que dio gracias era un samaritano?
2. ¿Qué lugar ocupa la ingratitud en la lista de Dios de pecados condenables en Romanos 1:18-32?
3. ¿Cuáles son tres maneras comunes en que el inconverso responde a las circunstancias de la vida?
4. Cuando celebramos la Santa Cena: ¿Qué elementos de las ofrendas del Antiguo Testamento aparecen combinados?
5. ¿De qué manera la aceptación de la soberanía de Dios nos ayuda a expresar gratitud en cualquier situación?
6. ¿Cuál es el objetivo final de toda nuestra gratitud? Cite varios pasajes bíblicos que apoyen su respuesta.
7. En el contexto de 2 Corintios 9:8-15: ¿Cómo se multiplica la gratitud de los creyentes?
8. ¿Cuáles son los siete obstáculos que se mencionan en este capítulo? ¿Cuáles específicamente son los mismos que obstaculizan el gozo?
9. ¿Qué es idealmente descrito por Pablo en Filipenses 4:11-12?
10. Cuando Pablo escribió su carta a los filipenses: ¿De qué manera algunas circunstancias lo desafiaban?
11. Tomando en cuenta el uso del griego, define las expresiones "contentarme" y "he aprendido" (Fil. 4:11-12).
12. ¿Qué verdades del Antiguo Testamento con respecto a Dios apoyan la actitud de Pablo de contentarse?
13. ¿Qué directrices adicionales expresó Pablo en sus propios escritos que moldearon su contentamiento?

Céntrese en la oración

• Invierta una porción de su tiempo de oración dando gracias al Señor por algo muy especial que Él haya hecho en su vida recientemente.

• Repase la lista de obstáculos a la gratitud. Escoja uno que ha sido un desafío difícil para usted y pida a Dios que lo ayude a vencerlo. (Puede escoger un obstáculo relacionado que no está en la lista.)

Aplicación de la verdad

Compagine una lista de razones por las que tener una actitud de gratitud. Dicha lista debe ser concerniente a usted específicamente y a todos los cristianos generalmente. Apoye su lista con tantas referencias bíblicas como pueda. Esa lista podría ser una sección constante de su diario espiritual (o, si ya comenzó un diario, una lista aparte a la que se refiera periódicamente) que constantemente ayude a motivarlo a ser agradecido.

CAPÍTULO 10
LA VALENTÍA DE SER FUERTE

Resumen del capítulo

La fortaleza espiritual es el valor de vivir de un modo inflexible las convicciones cristianas que uno tiene que se derivan de la Palabra de Dios y tienen su mejor ejemplo en las ilustraciones del maestro espiritual, el soldado, el atleta y el labrador.

Para comenzar (Escoja una)

1. Si solo usted tuviera que escoger: ¿Preferiría vivir como un labrador o en la ciudad? ¿Qué ventajas y desventajas hay en cada situación? Si ha vivido en una granja o ha visitado una por un tiempo largo, cuéntele a su grupo lo que más apreció con respecto a la labranza o al cultivo.
2. Una pregunta interesante que ha circulado en años recientes es: "¿Es usted una persona de la mañana a la noche?" "¿Cómo respondería a esa pregunta?" ¿Cree usted que el día está estructurado para aprovechar al máximo su mejor uso del tiempo? ¿De

qué manera, de ser así, esa cuestión se relaciona con la fortaleza espiritual? Explíquelo.

Conteste estas preguntas

1. ¿Cuál es la traducción más literal de "portaos varonilmente"? En 1 Corintios 16:13, y ¿cómo eso aclara el significado de la expresión?
2. Cite cuatro pasajes del Antiguo Testamento que ilustran el concepto de fortaleza y valor.
3. ¿Qué debe ser cierto en nuestra vida si hemos de cumplir el mandato de ser espiritualmente fuertes? (Vea Ef. 3:14-16.)
4. ¿Por qué Pablo valoraba tanto la ayuda de Timoteo en la iglesia de Éfeso? ¿Qué estaba sucediendo allí?
5. ¿Qué condujo a que Timoteo fuera afectado por los problemas en Éfeso? ¿Qué impacto temporal tuvo eso en su efectividad en el ministerio?
6. ¿Qué doble beneficio resulta para los que enseñan a otros?
7. Diga las cuatro razones en las que la preparación ayuda a la personalidad del maestro.
8. ¿Qué ha utilizado el sistema mundial que justifica que los creyentes estemos en una guerra espiritual?
9. ¿Cómo es que ser un soldado de Cristo se asemeja a ser un soldado en el ámbito secular?
10. ¿Qué metas específicas deben motivarnos a competir duramente por la victoria como atletas por Cristo?
11. Dé varios ejemplos de los deportes seculares de por qué necesitamos competir según las reglas: ¿Qué dice Pablo?
12. ¿Cuál es la cosa más fascinante y quizá la más importante que no se menciona en la parábola del sembrador (Mt. 13:3-23)?
13. ¿Cuál es la moraleja de la parábola del sembrador, y cómo se relaciona esta con el ser un labrador espiritual?
14. ¿Cuál de las cuatro descripciones del cristiano robusto encaja mejor en la mayoría de los cristianos de aquel tiempo?

Céntrese en la oración

- Ore por su iglesia local, y por la iglesia en el mundo, para que los miembros y los dirigentes mantengan convicciones doctrinales firmes y vivan mediante principios bíblicos en todas las cosas.

- Examine una vez más los cuatro cuadros del cristiano robusto e identifique dos o tres características de ellos en las que usted se considera débil. Pida a Dios que lo ayude a fortalecer su vida en esas áreas de manera concreta.

Aplicación de la verdad

Memorice 1 Reyes 2:2-3 o 1 Corintios 15:58. Una tarea más desafiante sería memorizar Josué 1:5-9 durante las próximas semanas. Cualquier pasaje que escoja, repáselo con otro creyente para que practique la actitud de rendir cuentas.

CAPÍTULO 11
LA AUTODISCIPLINA: LA CLAVE DE LA VICTORIA

Resumen del capítulo

La autodisciplina es una clave esencial para el crecimiento espiritual. Por lo tanto, los cristianos debemos procurarla diligentemente.

Para comenzar (Escoja una)

1. Piense en un tiempo cuando usted participó en los deportes: ¿Qué sacrificios se exigieron de usted? ¿Qué lo motivó a hacerlos? ¿De qué manera el nivel de su autodisciplina afectó su rendimiento?
2. Mencione a una persona cuyo compromiso con Dios ha sido un ejemplo para usted. (Esto podría ser una persona a quien conozca personalmente o una persona de la historia de la iglesia.) Brevemente, explique por qué escogió a esa persona.

Conteste estas preguntas

1. ¿Por qué usa la Biblia metáforas para describir la vida cristiana?
2. De una definición práctica y otra bíblica de la autodisciplina
3. Explique por qué la autodisciplina es necesaria para dominar cualquier esfuerzo en la vida.
4. ¿Por qué es la autodisciplina importante en las cuestiones que al

parecer son insignificantes? ¿Por qué no hay cuestiones pequeñas implicadas en la integridad de una persona?

5. Explique la relación entre la corrección y la autodisciplina.
6. Escriba una lista de las directrices bíblicas que lo ayudarán a ser sabio en espíritu.
7. ¿Qué dos elementos son comunes a todos los principios bíblicos para la autodisciplina?
8. ¿Por qué es Dios el dueño legal de todos los hombres? ¿De los creyentes en particular?
9. ¿Cuál es la parte del hombre en el pacto de la salvación?
10. Explique por qué el pecado implica más que solo quebrantar la ley de Dios.
11. Trace el origen y el desarrollo de nuestros actos pecaminosos.
12. ¿Cómo podemos ganar la batalla contra las tentaciones que asaltan nuestra imaginación?

Céntrese en la oración

- Medite en el precio que Dios pagó para redimirnos. Déle gracias por su salvación, y decida auto disciplinarse para la piedad (1 Ti. 4:7), para poder servirlo más eficazmente.
- Pida a Dios que lo ayude a ganar la batalla contra la tentación en sus pensamientos. Pídale que le dé la victoria sobre los pecados secretos mientras estudia fielmente y medita en su Palabra.

Aplicación de la verdad

Repase la lista de los pasos prácticos para el desarrollo de la autodisciplina que aparecen en el capítulo e identifique sus puntos fuertes y los débiles. Haga un compromiso de comenzar a trabajar en sus debilidades, y pídale a alguien que lo ayude a rendir cuentas.

CAPÍTULO 12
ADORAR A DIOS EN ESPIRÍTU Y EN VERDAD

Resumen del capítulo

Adorar a Dios en espíritu y en verdad es la responsabilidad, un privilegio y el supremo llamamiento del creyente.

Para comenzar (Escoja uno)

1. Describa una situación en la que usted se rindió a la tiranía de lo urgente. A la postre lo dañará. ¿Qué cosa desde entonces lo ha ayudado a centrarse más en lo que es importante?
2. ¿Cuáles son algunas de las más grandes amenazas que confrontan a la iglesia hoy día? ¿Qué posición ocupa la adoración inadecuada? Explica su respuesta.

Conteste estas preguntas

1. ¿Por qué se le resta importancia a la adoración en la iglesia de hoy día?
2. ¿Qué es incorrecto con dirigir el culto de la iglesia a los inconversos? ¿Debe la iglesia procurar que los inconversos se sientan cómodos? ¿Por qué sí o por qué no?
3. Diga una definición bíblica de un cristiano que se relaciona con la adoración.
4. ¿Son la adoración y el servicio a Dios mutuamente excluyentes?
5. Dé una definición de la adoración: ¿Es esta una simple actitud, o puede expresarse en acciones? Apoya su respuesta con las Escrituras.
6. ¿Cómo es que una persona se convierte en un verdadero adorador de Dios?
7. Mencione los cinco elementos que resumen el plan de redención en el Antiguo Testamento.
8. ¿Qué dos realidades con respecto a Dios son esenciales para la verdadera adoración?
9. ¿Por qué Dios no debe ser representado por objetos materiales?
10. Describa los dos extremos de la falsa adoración representados por los judíos y los samaritanos en los días de Jesús.
11. ¿Qué significa adorara a Dios en espíritu?
12. Mencione cuatro requisitos para adorar a Dios en espíritu.
13. ¿Cuál es el mayor obstáculo para adorar a Dios en espíritu?
14. ¿Cómo adoramos a Dios en verdad?

Céntrese en la oración

• La Biblia revela muchos de los atributos de Dios, como su poder, su sabiduría, su misericordia, su soberanía y su amor. Escoja uno o más de sus atributos e invierta tiempo alabándolo por ellos.

• Los escritores sagrados frecuentemente alaban a Dios, por sus poderosas obras de creación, liberación y redención. Piense en algo que Dios ha hecho, sea de las Escrituras o de su propia vida e invierta tiempo dando gracias y alabándolo por ello.

Aplicación de la verdad

Como se destacó en el capítulo, meditar en las Escrituras es un elemento importante de la verdadera adoración. Lea los siguientes pasajes y mencione las diferentes cosas acerca de las que el salmista meditaba: Salmos 1:1-2; 63:6; 77:12; 119:15, 27, 48, 97-105; 143:5. Hágalos el tema de su propia meditación.

CAPÍTULO 13
LA ESPERANZA: NUESTRO FUTURO ESTÁ GARANTIZADO

Resumen del capítulo

La esperanza bíblica es una parte esencial y sustancial de nuestra salvación, pasada, presente y futura, que Dios ha prometido a través de su Palabra y motiva nuestra santificación mientras procuramos diariamente ser más semejantes a Cristo.

Para comenzar (Escoja una)

1. ¿Cómo definió usted la *esperanza* cuando era un niño? ¿Cuáles fueron las cosas más comunes en las que puso la esperanza? ¿Fueron cumplidas la mayoría de esas esperanzas? ¿Cómo? ¿Cuáles no las fueron?
2. ¿Qué, aparte de la incertidumbre de la muerte, piensa que amenaza más el sentido de esperanza del inconverso promedio? Considere dos o tres posibilidades. ¿Se encuentra usted con esas incertidumbres con frecuencia durante una semana cualquiera? De ser así ¿cómo?

Conteste estas preguntas

1. ¿Cuáles son los dos únicos destinos eternos para las personas? ¿Cómo afecta eso la cuestión de la esperanza? Cite varios pasajes bíblicos.
2. ¿Cuál es la característica y la representación de la esperanza tal como se expresa en Hebreos 6:19-20?
3. ¿Cuáles son los tres aspectos de la salvación? (Cada uno incluye tanto una referencia temporal como una correspondiente designación doctrinal.) Cite pasajes para apoyar su respuesta.
4. ¿Es la esperanza objetiva o subjetiva? Apoye su respuesta con la Palabra de Dios.
5. ¿Qué detalles históricos en el Nuevo Testamento relacionados con la resurrección de Cristo fortalecen la esperanza del cristiano?
6. ¿Qué hace el Espíritu Santo para ayudarlo a usted a mantener una esperanza genuina?
7. ¿Qué categoría de experiencias de la vida que encontramos con más y más frecuencia debería de hacernos ansiar más el cielo?
8. ¿Qué analogía presentada por Cristo describe mejor el concepto de permanecer? ¿Cuál es la definición básica y el propósito de nuestra permanencia? Dé al menos dos referencias bíblicas.
9. ¿Cómo revela un cristiano su verdadero carácter (1 Juan 2:29)?
10. ¿Cuál es la meta y el premio de la vida terrenal del creyente (Fil. 3:14; Tit. 2:13)?
11. ¿Qué efecto tiene la meta final de la vida cristiana en nuestra vida presente (1 Jn. 3:2-3)? ¿Qué incentivo adicional está presente? (1 Co. 3:10-15; 2 Jn. 8).

Céntrese en la oración

- Dé gracias a Dios porque a través de su Palabra y de su Hijo ha provisto muchas razones sólidas para que usted tenga verdadera esperanza.
- Ore por un amigo no creyente o por un amigo cristiano que esté luchando con la cuestión de la seguridad, para que él pueda, por la gracia y la misericordia de Dios, recibir una nueva o una renovada esperanza.

Aplicación de la verdad

Lea Apocalipsis 21-22 y concéntrese en el futuro glorioso que espera a cada creyente. Mencione todas las cosas en ese pasaje que deben ser fuentes de esperanza y gozo. Medite extensamente en varios asuntos de esa lista, y anote ideas adicionales que el Señor le dé. Observe también las advertencias que aparecen al final del capítulo 22. ¿Cómo deben dichas advertencias ser incentivos para la práctica de la santidad?

La
Biblia de estudio
MACARTHUR
VERSIÓN REINA-VALERA 1960